公路隧道综合节能
技术及应用

李春杰　段　理　王建平　编著

人民交通出版社股份有限公司

北京

内 容 提 要

本书根据公路隧道照明基本原理和交通运输行业相关标准体系,从信息采集、通信传输、节能软件应用到节能评价体系等,综合阐述了整套隧道节能系统的机理和运行;依托槐尖山隧道工程实例,介绍了在实际工程中照明和通风系统的节能设计。

本书可作为公路隧道照明工程相关技术人员的参考书,也可供相关专业院校的师生学习参考。

图书在版编目(CIP)数据

公路隧道综合节能技术及应用 / 李春杰, 段理, 王建平编著. — 北京:人民交通出版社股份有限公司, 2022.8

ISBN 978-7-114-17907-5

Ⅰ. ①公… Ⅱ. ①李…②段…③王… Ⅲ. ①公路隧道—机电系统—节能—研究 Ⅳ. ①U459.2

中国版本图书馆 CIP 数据核字(2022)第 057677 号

Gonglu Suidao Zonghe Jieneng Jishu ji Yingyong
书　　名:公路隧道综合节能技术及应用
著 作 者:李春杰　段　理　王建平
责任编辑:潘艳霞
责任校对:孙国靖　宋佳时
责任印制:刘高彤
出版发行:人民交通出版社股份有限公司
地　　址:(100011)北京市朝阳区安定门外外馆斜街 3 号
网　　址:http://www.ccpcl.com.cn
销售电话:(010)59757973
总 经 销:人民交通出版社股份有限公司发行部
经　　销:各地新华书店
印　　刷:北京交通印务有限公司
开　　本:720×960　1/16
印　　张:8.25
字　　数:152 千
版　　次:2022 年 8 月　第 1 版
印　　次:2022 年 8 月　第 1 次印刷
书　　号:ISBN 978-7-114-17907-5
定　　价:68.00 元

(有印刷、装订质量问题的图书由本公司负责调换)

前　言

　　近年来,我国高速公路事业蓬勃发展,山区高速公路与隧道群建设进入了高峰。随着我国公路隧道建设规模的不断扩大,运营管理的任务十分艰巨,其安全与节能问题也日益突出。如何在保障安全的前提下降低运营费用,尤其是降低高速公路隧道照明、通风、供配电的运营费用,一直是众多专家、高速公路建设与管理人员关注的热点。同时随着计算机技术、图像处理技术、通信技术、控制技术的发展,国外隧道信息管理与控制技术实现了智能化。目前国内隧道体系控制系统仍然以传统模式为主,由人工现场进行相应的调整和控制,给管理、节能、维护都带来了很多不便。从国民经济与交通行业的发展趋势来看,未来先进公路隧道体系将是基于"低碳化、智能化"的综合隧道体系,拥有多种协同配套设施,如照明、通风、监控、预警、消防、信息采集与综合处理系统等。

　　本书根据公路隧道照明基本原理和交通运输行业相关标准体系,从信息采集、通信传输、节能软件应用到节能评价体系等,综合阐述了整套隧道节能系统的技术和运行;依托槐尖山隧道工程实例,介绍了在实际工程中照明和通风系统的节能设计,包括灯具布设、线路布设、单洞风机节能柜和通风照明检测器件的配置以及隧道集中控制中心的设计等。本书深入浅出,重在应用,对公路隧道综合节能系统的设计与应用具有参考意义。

　　本书分为6章,包括绪论、公路隧道节能照明技术、公路隧道节能控制技术、公路隧道节能软件应用平台、公路隧道综合节能评价体系、公路隧道综合节能技术建设实践。本书编委会由河北省交通规划设计研究院有限公司、深圳全智聚能科技有限公司的相关专家和长安大学材料学院段理教授课题组共同组成。第1、2章由段理、魏星、樊继斌、杨云编写,第3、4章由王建平、焦彦利、许勇、韩胜明编写,第5章由李春杰、吴会彩编写,第6章由李春杰、王建平、潘秀、张宏霞编写,全书由李春杰统稿。

本书历经大纲确定、素材组织、内容编写、修正改善等步骤,终于与大家见面。人民交通出版社股份有限公司的工作人员们为本书提出许多宝贵的建议,在此一并表示诚挚的感谢!

本书在编写过程中,参考了国内外相关研究文献资料,凝结了各参编人员的理念、经验与体会,包含了许多国内外相关研究学者的见解和方法。由于作者水平有限,书中难免存在一些缺点和错误,敬请各位读者批评指正。

作　者

2022 年 3 月

目　录

1 绪　　论

1.1　公路隧道节能研究现状及展望

近年来,我国高速公路事业蓬勃发展,"7918"国家高速公路网规划正在全面实施,山区高速公路与隧道群建设进入了高峰。由于路网的广泛延伸和对公路建设的需求,公路隧道建设得到了迅速发展。截至 2020 年底,全国公路隧道为 21316 处,总计达到 2199.93 万延米,其中,特长隧道 1394 处,总计 623.55 万延米,长隧道 5541 处,总计 963.32 万延米。随着我国公路隧道建设规模不断扩大,高速公路建设项目逐渐增多,公路隧道不但运营管理的任务十分艰巨,每年隧道电费达到高速公路运营费用的 60% 以上,其安全与节能问题日益突出。如何在保障安全的前提下降低运营费用,尤其是降低高速公路隧道照明、通风、供配电的运营费用,一直是众多专家、高速公路建设与管理人员关注的热点议题。同时,由于我国在公路隧道机电设施、节能设计方面的标准滞后,甚至缺乏,导致设计人员无标准参考或参考不全面造成设计不合理等问题频出。另一方面,长隧道和特长隧道的更高要求,旧式设备和监控系统暴露的问题也越来越多,隧道配套机电设施的能耗、性能、效率、管理等问题迫切需要解决。

同时,随着计算机技术、图像处理技术、通信技术、控制技术的发展,近 10 年来,国外隧道信息管理与控制技术实现了智能化,在自适应能力、容错能力、组织功能、实时性、人机协作性及综合能效上都有突破性的进展。国内在此方面的技术研究则刚起步,与发达国家相比有着较大差距。目前国内隧道体系控制系统仍然以传统模式为主,包括通风、照明、监控、呼救、消防、环境监测、交通信息检测等简单的子系统,主要控制方法是靠人工对各系统上传的监控数据进行分析,根据分析结果做出调整方案,并由人工现场进行相应的调整和控制,给管理、节能、维护都带来了很多不便,处理问题滞后。

公路隧道综合节能技术是一种精细化的管理体系,利用专家决策系统模块对隧道照明、通风、供配电、灾防等系统进行实时管理,与传统方案相比,可以全面提高隧道节能和运营性能,增强隧道交通体系的整体效能和服务水平,具有非常重要的研究价值。

鉴于以上背景及全球低碳经济发展模式,同时国家对交通运输节能理论和技术研究日益重视,研究公路隧道机电综合节能及信息管理一体化,建立"安全、智能、节能、环保"的公路隧道体系是我国公路交通产业升级进程中的一项迫在眉睫的重要任务。现有的公路隧道工程各类设施之间缺乏协调管理,导致能源与信息资源严重浪费。为发展智能环保型隧道,不仅需要采用新的技术体系,对关键技术进行重点研究,而且需要研究各类设施的协调配合、信息交换与资源调度,从而在整体上实现低能耗、高性能和智能化。

1.2 本书主要内容

公路隧道节能方式主要包括设计技术改进优化、新设备新材料应用、新型控制技术应用、健全标准规范体系、加强运营节能管理、强化评价考核、完善节能投入机制等方面。本书分别从技术改进优化、新型控制技术应用、强化评价考核等方面分别介绍公路隧道的照明技术、一体化联动技术、设施控制管理技术、节能及能耗评价,并对以上技术加以综合应用,以工程建设实践为例,对其实际应用效果加以总结,供读者对公路隧道节能的各方面做一些了解。

1.2.1 公路隧道的照明技术

与铁路隧道和水下隧道不同,公路隧道的行驶条件更容易受到隧道照明、交通流量等因素的影响。公路隧道作为路网的瓶颈地段,存在重大的交通安全问题。一方面,当车辆高速进出隧道时,横断面光环境发生剧烈而突然的变化,这种变化与人类有限的适应性之间的矛盾导致了"黑洞效应"。隧道入口的"黑洞效应"会导致驾驶员视觉和心理上的不适,增加道路交通事故的风险。另一方面,接近隧道的车辆,其驾驶员应该有足够的能见度,从适当的距离进入隧道,以便在需要时能够及时做出反应。一旦发生隧道交通事故,后果极其严重。道路隧道的照明对驾驶员的安全至关重要,隧道照明系统的主要功能是确保驾驶员在白天和夜间隧道行车的安全和舒适,以减少事故的发生。从技术角度来看,公路隧道照明技术挑战在于在隧道入口完成完美的照明条件,将眩光保持在最小,并使良好的对比灵敏度。通过提高驾驶员的视觉表现来提高隧道内行车安全是非常重要的,而且隧道照明在总能耗中占有相当大的比重,因此从交通安全和节能的角度对隧道照明进行研究势在必行。

1) 半导体照明技术

隧道照明是影响行车安全的重要因素,也是隧道运营成本最高的环节。半导体发光二极管(LED)是一种20世纪60年代诞生的新型半导体固态照明器件,欧美、日本对于LED技术的研发起步较早,日本日亚公司、美国GE公司、德国欧司朗(OSRAM)公司等纷纷投入半导体照明领域,它们具有核心技术借以垄断市场份额;我国的LED技术发展于20世纪70年代,到80年代已经形成了产业,经过几十年的努力,现在已经形成比较完善的产业链,实现了从外延生长、芯片制作到封装的整个工艺流程,现在已经成为世界照明电器生产和出口的大国之一。目前,我国LED产业的外延生产、芯片的制作主要集中在长三角、珠三角和福建、江西和北京、河北、辽宁等地。

LED有很多优势,它们的亮度可以快速调整到最大水平,总体上更节能,具有显色性强、寿命长、节能、价格低廉、操作方便等优点。随着LED功率的逐渐增大,它成为一种新的替代光源。LED在隧道照明中的优势正逐渐大于传统灯具。由于LED的出现及其与传统灯具相比的能源效率,如今道路隧道的内部区域通常配备LED。传统的隧道照明系统已逐渐被LED照明所取代。目前LED技术已被国际公认为下一代新型照明技术,白光LED的发明者中村修二也因此获得了诺贝尔奖。与传统的高压钠灯相比,LED隧道灯启动速度快,显色指数高,节能效果显著,而且通过调整电流的大小很方便地实现调光,LED隧道照明已经成为一种趋势。其在隧道内的应用情况包括以下几个方面:LED灯具具有长达上万小时的理论寿命,减少了隧道照明中灯具更换或者维修的麻烦;LED光源可以达到很高的显色指数,产生的视觉效果明显优于传统高压钠灯,而且只需要低的电源功耗就可以达到理想的视觉效果;隧道中的LED灯具若经过科学的设计和布置,如把灯具之间的距离缩短,降低灯具的功率,可以最大限度避免隧道中由于光源过亮产生的眩光效应,提高隧道路面亮度的均匀性,而且可以避免频闪效应;LED隧道灯组成的带状光源可以在隧道中形成一条明亮的光带,从而对驾驶员起到视觉引导的作用,提高隧道整体照明质量;LED是电致发光元件,可以通过调节电流的大小实时控制其光线强度,从而控制隧道内的照明亮度,这种智能无级照明控制系统白天根据洞内外亮度自动调节加强照明段隧道内光线强弱,夜晚根据交通量调节基本照明段的照明亮度,避免了传统照明系统的过度照明;模块化和半模块化结构的LED灯具只需要更换损坏的芯片或者电源即可,从而降低维护更换灯具的费用等。

面对LED路灯和隧道灯快速增长的市场需求,我国不断出台一系列发展计划,如"国家863计划、科技攻关计划、国家自然科学基金、电子专项基金计划"

等,该计划极大推进了 LED 技术的研发进程;为了鼓励 LED 路灯、隧道灯的应用和发展,我国不断出台相关的扶持政策,例如 2009 年,科学技术部提出了"十城万盏"半导体照明应用工程,该工程明确指出 2010 年前要在 10~21 个城市应用 40 万盏以上的 LED 市政照明灯具,包括路灯、隧道灯、公共照明灯等,将年节电 $6 \times 10^7 \mathrm{kW \cdot h}$;2011 年进入应用工程的第二阶段,即在 50 个城市应用 200 万盏 LED 路灯,年省电 10 亿 $\mathrm{kW \cdot h}$;2015 年,30% 的照明市场被半导体照明取代,预期年节电 1400 亿 $\mathrm{kW \cdot h}$;2020 年我国的 LED 照明市场规模增长到 5269 亿元。对于试点城市,国家在政策和资金上都给予大力支持,进一步推动了 LED 作为路灯、隧道灯的普及和发展,2011 年,我国 LED 路灯产量已达 68 万盏,同比增长 58%,LED 路灯市场规模达到 29 亿元,同比增长 32%。预计 2021 年我国 LED 照明市场产值可达 5825 亿元。在国家政策和资金的大力支持下,LED 路灯、隧道灯将会有广阔的发展空间。

2)隧道新型等离子体照明技术

等离子体照明技术(气体放电灯)是一种传统的照明技术,包括钠灯、汞灯等。近年来,一些新型的离子体照明技术也被研究出来,具有代表性的是无极灯和等离子体光源(LEP)。

无极灯兼有荧光灯和高压钠气灯(HPS)的优点,这种灯由于没有电极,寿命长,维护性好。公路隧道维修通常会给主管部门带来巨大的挑战。恶劣的环境导致许多灯具设计的寿命变短,而反复开关灯具和例行维护代价高昂,并且对交通流量造成很大影响。与传统荧光灯和高压钠灯相比,无极灯具有效率高、显色性好、寿命长等特点,是隧道照明一种更好的解决方案。

无极灯作为一种新型等离子体照明光源,起步较晚。1880 年,无极放电现象首次被发现;随后 1942 年,E 型放电和 H 型放电现象开始被深入研究;直到 20 世纪 90 年代后期,美国人汤普森、泰斯拉等人发明了第一个高频无极灯。随后,世界各大照明公司开始了对无极灯的研究工作并逐渐将其商品化。1991 年,日本松下公司研制出第一个照明用无极放电灯,同年,荷兰飞利浦公司推出一款具有更长寿命、更高光效的无极灯;1994 年,美国 GE 公司推出了一款紧凑型无极放电灯;20 世纪后期,德国欧司朗(OSRAM)公司也推出了一款具有优异性能的无极灯。无极灯逐渐在照明领域实现了商品化。我国的无极灯起步于 20 世纪 90 年代。1998 年,河北宝石集团研制出第一盏高频无极灯;2003 年,上海宏源照明有限公司生产出第一款低频无极灯;随后,国内各大照明纷纷开始进入无极灯的技术研发领域,突破了很多技术上的瓶颈问题,并逐渐将其商品化。目前,从事无极灯生产的企业多分布于广东省和江苏省,形成了以这两个省为中心的生产基地。但是国内在无极灯的研发领域起步较晚,目前还处于商品化的初级阶段,只在部分地区的某些领域得以应用,生产企业大多是小规模的民营企业,由于缺少核心技术、先进设备,在应用和普及的道路上还面临着很多的挑战,比如实际光效和理论光效相差很大,激励电路功耗大、体积大等问题尚未解决。

LEP 光源是由美国 LUXIM 公司推出的新一代等离子光源,发出的金白色光具有色温高、大功率、大光通量、电调光幅大、启动和热启动性能好、灯泡泡壳小、透雾性强、发光效率高、射程远、不诱虫、显色性好、耗电少、寿命长、照射路面层次感强等特点,可以广泛应用于城市交通照明、高速公路照明、码头港口照明、工矿企业的厂区照明等户外照明。LEP 光源是定向点光源,定向光源避免了灯具内部由于光线反射等因素引起的浪费。LEP 光源消除了在传统光源中的出现的各类失效模式及光衰问题。即使长时间的持续工作,LEP 的无电极石英灯泡也不会出现传统光源中出现的电极失效或者灯泡内壁变黑等问题。LEP 独特的固态射频谐振腔设计能确保光源能够长时间、持续的工作。LEP 的工作寿命是60000h,但其电源工作寿命和 LED 相同,一般只有 20000h。LED 灯具需要很多颗小功率 LED 才能产生足够的光,而 LEP 灯具只需要一颗小的石英灯泡就可以产生足够的光,从而大大降低了失效比例,增强了系统的可靠性。此外,LEP 光源在持续使用 50000h 后仍可维持 70% 的光通量。以上优势,使得 LEP 在大功率灯具光源的性价比最高。使用 LEP 光源的大功率灯具不仅拥有和等其他光源相同甚至更好的照明效果,更克服了它们散热差等缺点,无疑是大功率灯具光源的最优选择。

在隧道照明中,无极灯可以用于隧道的常规照明、应急照明和检修照明。LEP 光源由于显色性好,光线照射到路面均匀性好,使得驾驶员具有舒适的视觉感受和对交通有较好的识别度,在一些场合中被用于加强照明段。

1.2.2　公路隧道一体化联动技术

1)一体化联动隧道照明节能系统的研究进展

目前我国公路隧道照明系统在运行过程中存在很大的电能浪费,而且照明光效低,究其原因,主要存在以下问题:

(1)现行规范中存在的问题

目前很多隧道洞口亮度和车速都是取规范值的上限,没有考虑隧道随时变化的外部条件,造成了电能的极大浪费;同时,在隧道内很多行驶中的车速已经超过规范规定限速;我国现行的隧道和道路照明标准都是由国际照明协会(CIE)中规定的光度系统计算得出的,忽略了某些视觉适应性问题,不利于节能控制;现行的规范并未考虑光色对驾驶员反应时间的影响;此外,规范对不同减光措施对应的折减系数的选取方法,中、短隧道的照明问题,建议的基础亮度的合理性等很多问题并未明确提到。

（2）基础研究欠缺

洞外亮度是影响照明系统光线的关键因素。在对隧道照明系统设计前,应在不同的季节、时间段对洞口亮度值进行测量,从而确定合理的调光方案,而目前很少有隧道设计者进行此类研究,通常取规范中的亮度上限值;同时,很多工程并未重视规范中提到的接近段洞口处的减光措施,没有减小洞内外的亮度差。

（3）隧道照明控制方式上的问题

很多隧道照明系统目前仍然采用传统的人工手动控制,白天开启所有灯具,而不是根据洞外亮度变化实时对洞内光线进行调节,不仅浪费了大量电能,而且使驾驶员难以及时适应隧道内的光线,造成一定的安全隐患。

（4）灯具应用

新型隧道照明灯具如 LED、LEP、无极灯等具有很好的节能性,但是由于其造价高,而且在国内缺乏基础研究,很多隧道照明系统只在应急照明中应用,目前广泛使用的还是传统灯具。

（5）配电

很多隧道存在着供配电设计上的缺陷,如灯具设置不合理、电源供电问题等。

（6）其他方面

目前国内很多隧道照明系统没有系统考虑照明节能问题和分期实施问题,没有重视对新型节能照明灯具的研究和应用,科研力度不够。

2）一体化联动隧道通风节能系统的研究进展

公路隧道的消防安全是一个世界性的问题。勃朗峰隧道和圣戈塔多隧道发生的数起事故对通风系统的作用方面的研究活动起到了很大的推动。在正常操作条件下,该设备应提供令人满意的空气质量,而在发生火灾时,它的作用是限制废气的排放,使隧道能够快速、安全地疏散。

国外对公路隧道通风系统的研究开始较早,早在 1919 年,美国在修建隧道时对隧道内汽车行驶时排放尾气的 CO 量进行了研究,并以此计算出隧道内所需要的通风量;至 20 世纪 60 年代,美国和日本等国家纷纷投入到隧道通风系统的研究中,但还处于低水平的隧道通风简单控制阶段;20 世纪 70 年代时,德国在隧道通风控制上有了技术上的突破,已经可以根据 CO 浓度、车流量来控制风机的运行数量,从而控制隧道通风系统内的风量;20 世纪 90 年代,日本有了比较成熟的隧道通风控制技术,将模糊控制法应用到隧道通风中,至此,隧道通风技术有了比较大的飞跃。由于污染气体影响着隧道内通风效果,早在 20 世纪 60 年代,美国就颁布了《大气清洁法》等控制气体排放的法律法规,随后日本、欧洲也纷纷颁布法规限制 CO 的排放量。

我国对隧道通风技术的研究起步较晚,20 世纪 90 年代,国家才开始加大对其的研究力度,与欧美、日本已经趋于成熟的隧道通风技术相比有很大的差距。1994 年,兰州铁道学院的专家对长大铁路隧道进行了纵向通风模拟试验;1996 年,中国台湾专家在日本模糊控制通风系统研究基础上,加入了车流量因素,完善和发展了原有的通风技术;2007 年,秦岭隧道通风系统中采用了前馈式模糊控制法,成功实现了节能运营;2020 年,青岛地铁 8 号线观涛站—科技馆站的通风项目中通过横通道解决了多工作面通风问题。之后不断有企业、研究所、高校在公路隧道通风系统的研究中实现了技术上的突破。

目前我国隧道通风工程多采用负反馈自动控制方法,这种方法以 CO 为变量调整隧道中的通风量,存在很多弊端,如系统反应滞后等。目前我国隧道通风技术中的主要问题集中在通风控制方式落后、能耗大,而且在某些数学模型的建立上存在一定的难度。目前很多研究者将目光集中在模糊控制、神经网控制等智能控制系统上,或者将几种控制方法融合得到更高效节能的隧道通风系统。

重庆交通研究设计院编写了《公路隧道通风照明设计规范》(JTJ 026.1—1999),该规范对公路隧道中的通风情况、空气指标、风机选择、通风系统运行等都有详细的介绍,但是随着我国中、长隧道的日益增多,隧道节能问题日益受到重视,此规范有很多问题并未涉及,还需要进一步的完善和修订。2014 年交通运输部颁布了《公路隧道照明设计细则》(JTG/T D70/2-01—2014),详细阐述了照明设计规范及节能措施,但未涉及信息一体化联动控制。2018 年,交通运输部颁布了《公路隧道设计规范　第一册　土建工程》(JTG 3370.1—2018)。

3)隧道一体化联动供配电节能系统的研究进展

目前我国公路隧道供配电系统中存在一些不合理因素,这些不合理因素浪费了大量电能,一定程度上不利于交通安全,具体问题如下:

(1)照明设施中存在的问题

目前,国内大多公路隧道采取高压钠灯为照明光源,这种光源功耗大,在工作中需要的电压高;国内隧道为了控制运营成本,很少对照明系统进行分级控制,只能对其人工控制,白天开启所有的灯具,晚上关闭所有灯具,不仅浪费了大量的电能,还不利于驾驶员的视觉舒适;此外,在设计隧道照明系统时,为了确保系统的可靠性,往往以洞外最大照度作为隧道内灯具的功率和排布设计的标准,无疑增加了不必要的电能消耗。

（2）通风设施中存在的问题

在设计隧道通风系统时考虑的往往是隧道内最大交通量和最高车速,从而设计了相当多的风机作为用电负荷,而在实际运行过程中并未全部开启,造成浪费。

（3）供配电系统设计中存在的问题

一是低压配电电缆运营费用高。国内隧道通常采用 0.4kV 的低压线路向隧道内的用电负荷供电,而且为了防止对隧道中环境造成污染,设计者往往把变电所设置在洞口外,造成线路中巨大的电能损耗。二是低压配电电缆初期投资高。设计者往往不是按经济电流选择电缆截面,而是通过电压降进行选择,由此选择的电缆截面远远大于前者。三是"大马拉小车"现象严重。考虑到安全性,国内隧道配电设计时往往会考虑隧道内所有用电负荷并额外预留一定的用电需求来选择变压器容量,但实际运行过程中照明灯具和风机并未全部开启,变压器负载率只有 10% ~ 30% ,变压器容量选择过大造成大量的铁磁损耗。

（4）其他方面

国内对隧道供配电问题并未有明确的设计标准,设计者设计方案差异很大,造成运营和维护中存在问题;此外,国内对于公路隧道供配电问题缺少专项研究,在中压供电技术、通风照明综合配电的研究方面仍需要大量的科研和资金投入。

1.2.3　公路隧道设施管理控制技术

隧道机电设施管理工作非常重要。首先,加强对隧道机电设施的管理可以促进施工工作的安全性。运行良好且质量合格的机电设施可以提高隧道的施工效率,并且降低故障出现的可能性,有效预防不安全事故的发生。其次,通过应用先进的新兴电子技术,有效对隧道机电设备进行管理,可以确保设备处于很好的运行状态,同时提升设施的使用率,有效预防设施出现故障,最大限度地延长机电设施使用寿命。最后,机电设施的运行状态差会在很大程度上增加原材料的消耗,而对其加强管理可以从根本上提升设施运转效率,进而实现节约能源的效果和目的。

对公路隧道设施现代化管理控制技术的研究始于 20 世纪 60 年代,意大利、瑞士、日本等国率先对隧道自动监控与控制问题进行了研究;随后,其他各国纷纷投入对隧道自动化监控问题的研究,并开展了一些计划和工作。1989 年,美国开始对智能路车系统(IVHS)技术进行研究;1999 年,欧洲国家建立了勃朗峰隧道火灾预警系统;2001 年,新能源补贴政策(FIT)项目成功建立了包括火灾情况和安全知识的数据库;2002 年,欧洲启动了隧道防火研究项目对隧道火灾问题进行研究。到现在为止,国外已经有相对完善的公路隧道设施现代化管理控制技术,如 20 世纪 90 年代美国 Echelon 公司研发的 LONWORKS 分布式公路隧道监控技术、80 年代德国 Phoenix Contact 公司推出的 INTERBUS 现场总线技术、70 年代日本 OMRON 公司推出了 Controller Link 环网控制技术等,现在在很多隧道内得到了应用。

相对于国外对隧道信息管理的研究,国内的研究开始较晚,最早开始于上海延安东路隧道对监控系统的应用,随后中梁山隧道、给云山隧道相继采取了隧道监控系统,近年来,随着不断引进国内外先进设备和技术,隧道监控技术逐渐在很多长隧道得到了应用,2004 年,原交通部颁布了一系列的行业标准,对隧道监控系统的设计问题进行了规定。实践过程中,南京玄武湖隧道、上海越江隧道、南港隧道工程等取得了比较好的运行成果,具有比较完善的信息管理设备和监控设施,管理系统运行良好,但是目前来说,我国隧道机电设施管理系统的适应性不高,很多时候只能对交通量或者火灾情况的单个指标进行简单控制,而且很多设计标准与国外不同,设计方案也有待进一步探讨,我国隧道机电设施节能管理系统的自动化控制上还面临着很多挑战。相信随着技术上的不断突破,我国隧道信息管理系统会向节能、安全、高效、可靠的方向快速发展。

1.2.4　公路隧道节能及能耗评价

国外对公路隧道能耗评价体系的配套设施技术的研究可以追溯到 20 世纪80 年代。国外对隧道节能技术研究较早,现在已经在节能环保、高效安全问题上有了较多成果。比如日本主要采用纵向式通风,在隧道控制系统中综合应用模糊通风控制技术、风光互补供电技术、零谐波电子调压技术、照明控制技术以及一些节能控制设施、节能光源等实现节能;欧洲主要采用横向与半横向通风,还成立了隧道智能交通委员会,应用智能交通管理方式,对隧道内的车辆进行实时监控与决策帮助;此外,美国和日本对公路隧道的设计建立了比较完善的法律体系,包括日常检查、设施维护、消防演习、安全教育、危险品运输管理等,基本做到了有法可依。

与美国、日本等国家的隧道综合节能信息管理一体化系统相比,国内公路隧道节能工作与能耗评价体系的建立也取得了一定的工作成效,交通运输部在一些相关项目中对公路隧道能耗问题进行了研究,这些项目主要包括国家支撑计划"国家交通安全科技行动计划""山区公路网安全保障技术体系研究与示范工程"、国家"863"项目、"公路隧道 LED 照明灯""交通部西部项目""公路隧道安全与节能技术研究""秦岭终南山特长公路隧道关键技术研究""公路隧道太阳能照明系统研究""公路隧道及隧道群车运行安全保障技术研究",以及广东省交通厅项目"公路隧道节能技术研究"、福建省交通厅项目"公路隧道照明参数研究""公路隧道供配电节能技术研究"等,建设了特长公路隧道通风物理模型试验系统、公路隧道纵向通风设计计算与模拟试验平台、隧道火灾模型试验场、公路隧道监控实验室、公路隧道火灾事故资料库、公路隧道建设与维护管理重点试验室、山区公路工程技术研究中心。这些项目研究已经取得一些工作成效,如秦岭终南山特长公路隧道基本解决了单向交通特长公路隧道纵向通风理论与实现问题、单向交通特长公路隧道监控的配置原则、方法与应用问题、单向特长公路隧道管理与养护系统问题等。在不断的技术突破下,我国公路隧道正向智能化、信息化、节能化方向发展。

2 公路隧道节能照明技术

2.1 公路隧道光路与光源分布

2.1.1 公路隧道照明类型和视觉特点

1)公路隧道照明类型

根据灯具的照射角度不同,隧道照明分为三种:逆光照明、顺光照明和对称照明。隧道照明类型可用对比显示系数 q_c 来界定,计算公式如下:

$$q_c = \frac{L_r}{E_v} \tag{2-1}$$

式中:L_r——路面亮度;

E_v——路面垂直照度。

(1)逆光照明

当灯具照射角度与车辆在隧道内行驶方向相反时,为逆光照明,其对比显示系数 $q_c \geq 0.6$。由于逆着车辆行驶方向进行照明,大量光线经过路面反射后进入驾驶员眼睛,被观察目标的背景亮度被提升,目标物与路面对比度极性为负且绝对值较大,从而增加小目标物体的可见度。同时,驾驶员感受到的路面亮度提升也有利于降低照明系统的能耗,实现安全和节能的目的。

(2)顺光照明

当光线投向方向与车辆行驶方向相同时,为顺光照明,其对比显示系数 $q_c < 0.2$。当光线顺着车辆行进方向时,驾驶员能观察到前方车辆的尾部,降低了眩光程度。但是由于只有少部分光线经过路面反射后进入驾驶员眼睛,顺光照明时目标物亮度大于路面亮度,目标与路面对比度极性为正且绝对值较小,驾驶员对目标可见度降低。若路面亮度要达到和逆光照明相同,需更大的光通量,也增加了路面照明系统的能耗,在实际工程中使用较少。

(3)对称照明

当对比显示系数 q_c 大于或等于 0.2 而小于 0.6 时,为对称照明,光线投向交通流方向和其反方向的光通量基本相等,同时将目标物和路面照亮。对称照明对比度一般为负值,绝对值介于顺光照明和逆光照明之间,提供了较好的亮度均匀性。

2）人眼视觉特性

视觉的形成过程是来自外界物体的光通过人的眼睛经光介质的折射后成像于眼底的视网膜上,视网膜上的感光细胞受到光照后发生化学变化,刺激视神经节细胞而形成视觉脉冲,经视神经传输到大脑,大脑皮层将眼睛送来的信号加工组合,进而形成视觉信息。汽车驾驶员在行车中,有80%~90%的信息是依靠视觉获得的。驾驶员的眼睛是保证安全行车的重要的感觉器官,眼睛的视觉特性与行车安全有密切关系,特别是在隧道中行驶的驾驶员,由于其获得人眼视觉特性不同于一般的道路交通,如果在隧道照明设计时不加区别考虑,极易引发交通事故。人眼视觉特性主要有光谱光视效率、明视觉、暗视觉和中间视觉、视觉适应与视觉疲劳等。

光谱光视效率:人眼对不同波长的敏感度不同,在可见光谱区域,这种敏感度随波长的变化用光谱光视效率来表示,即先确定对单色光的敏感度,然后绘出与波长的函数关系。因而光谱光视效率不是一个单纯的物理参数或心理参数,而是一个物理心理参量,它是一个由视觉系统接受光辐射能量经大脑整合和的一个参量,这种曲线是通过人眼进行观测所获得的试验数据的基础上而建立的。第一条光谱光视效率标准函数是由 CIE 在 1924 年定义的明视觉光谱光视效率曲线 $V(\lambda)$,该曲线集合了 Gibson KS 等人在 1912—1923 年期间使用闪烁法和逐级比较法所获得的测量结果。此后,CIE 对此曲线做了多次调整,例如 1978 年著名的 Judd 修正曲线 $VM(\lambda)$,以及 1983 年针对视场角为 10° 的目标进行测量得到的曲线 $V10(\lambda)$。暗视觉的光谱光视效率 $V'(\lambda)$ 是在 1951 年由 CIE 推荐的,主要建立在 Crawford 在 1949 年和 Wald 在 1945 年所进行的试验基础上。

明视觉、暗视觉和中间视觉:由于人眼存在两种感受器细胞——视锥细胞和视杆细胞的不同特性,人眼的视觉根据亮度的变化可分为明视觉、暗视觉和中间视觉。根据国际照明委员会(CIE)1983 年的定义,通常认为明视觉是指亮度超过 $3cd/m^2$ 的环境,此时视觉主要由视锥细胞起作用,最大的视觉响应在光谱蓝绿区间的 555nm 处;暗视觉是指环境亮度低于 $1 \times 10^{-3} cd/m^2$ 时的视觉,此时视杆细胞是主要作用的感光细胞,光谱光视效率的峰值约在 507nm;中间视觉介于明视觉和暗视觉之间,此时人眼的视锥细胞和视杆细胞同时响应,并且随着亮度的变化,两种细胞的活跃程度发生变化。一般从白天晴朗的太阳到晚上台灯照明,都是在明视觉范围内的;而像道路照明和明朗的月夜下,为中间视觉照明;昏暗的星空下就是暗视觉了。人眼的明视觉和暗视觉特征见表2-1,中间视觉介于明视觉和暗视觉之间。

人眼的明视觉和暗视觉特征　　　　　　　　　　　　　　表2-1

特　　　征	明　视　觉	暗　视　觉
感受器	视锥细胞	视杆细胞
光化学物质	锥体色素	视紫红质
空间分辨能力	高	低
所在视网膜区域	中心	周边
色觉	正常三色	无色
时间辨别	反应快	反应慢
明暗适应速度	快(2min 或更少)	慢(30min 或更多)
照明水平(cd/m²)	昼光 >3	夜光 <0.001

视觉适应与视觉疲劳:视觉适应是视觉器官的感觉随外界亮度的刺激而连续变化的过程,有时也指这一过程达到的最终状态。视觉适应机制包括视细胞或神经活动的重新调整,瞳孔的变化及明视觉与暗视觉功能的转换。由黑暗环境进入明亮环境,眼睛过渡到明视觉状态称为明适应,所需时间为几秒或几分钟;由明亮环境进入黑暗环境转换成暗视觉状态称为暗适应,这个过程需要十几分钟到半小时。频繁的视觉适应会导致视觉迅速疲劳,在隧道内,特别对于长隧道,如果存在眩光、照度不足、均匀度不足、有频闪等现象时均可引发或加剧视觉疲劳。

3)公路隧道照明视觉特点

隧道照明中出现的视觉现象不同于道路照明,其主要的问题不是在夜间照明中产生,而是出现在白天。在白天的日光状态下,隧道内外的亮度差别非常大,特别是在长隧道中,照明系统需要提供合适的亮度水平,以解决机动车驾驶员从亮环境进入暗环境,以及从隧道内的暗环境进入隧道外的亮环境时的视觉适应问题。设置照明的目的就是要保证机动车辆以某一速度接近、通过和离开隧道时,其在行驶中所感受到的安全性和舒适性应不低于在相连接的露天道路上行驶时的感觉。当驾驶员在白天从明亮的视觉环境接近、进入和通过隧道时,将产生多种视觉问题:

(1)进入隧道前出现的视觉问题。由于白天隧道外的亮度相对于隧道内而言要高得多,如果隧道足够长,那么驾驶员将看到的是一个黑洞;如果入口隧道很短的话,则将出现一个黑框。

（2）进入隧道立即出现的视觉问题。汽车由明亮的外部进入即使不太暗的隧道以后，要经过一定时间才能够看清楚隧道内部情况，这称为"适应的滞后现象"，这是因为急剧的亮度变化，使人的视觉不能迅速适应所致。

（3）隧道内部的视觉问题。在隧道内部，由于机动车排出的废气集聚在隧道里形成烟雾，隧道照明灯光和汽车前灯的灯光被这些烟雾吸收和散射，形成光幕，降低了前方物体与路面背景之间的亮度对比，影响了驾驶员对物体的辨识。

（4）闪烁效应。这是由于照明灯具的间距布置不当引起隧道内部亮度分布不均匀而造成的周期性的明暗交替环境，当机动车以一定车速行驶时，驾驶员产生闪光的感觉。

（5）隧道出口的视觉问题。在一个很暗的环境当中，如果前方出现一个很亮的出口，就会产生强烈眩光，使驾驶员看不清路面。

正是由于以上特殊视觉现象的存在，为了保证行驶车辆的安全，提高隧道路段的通行能力，隧道内必须安装照明设施，并通过合理的照明设计方案，来达到消除上述视觉问题的目的。

4）隧道照明区段划分

隧道照明可划分为接近段照明、入口段照明、过渡段照明、中间段照明和出口段照明。隧道照明区段划分如图2-1所示。

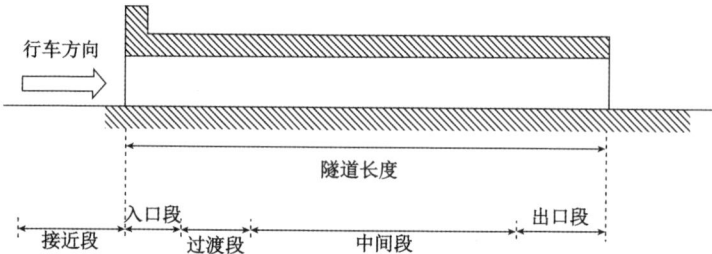

图2-1 隧道照明区段划分

（1）接近段照明

接近段是指车辆接近隧道口一个停车视距这一段，包含隧道洞口前的道路和周边环境。此处驾驶员必须能看到隧道一定长度内路面上的车辆或者障碍物等，不能完全是黑洞。当驾驶员行车接近隧道口时，尤其在白天时，隧道外环境的高亮度与隧道内的低亮度产生强烈对比，距隧道口较近时，空间视野受到限制，驾驶员对明亮环境的视觉暂留效应，若未对隧道口进行充分照明，驾驶员不易看见洞内任何细节，影响驾驶安全。除了增加隧道内亮度，还可通过降低洞外亮度，如在接近段内景物尽可能采用冷色调、增加绿色植被和遮挡天空部分等手段来减轻黑洞效应对驾驶员的影响。

（2）入口段照明

入口段一般开始于隧道洞口或者隧道减光棚的起点，长度略大于一个停车视距。根据小目标可见度原则，入口段亮度主要取决于驾驶员在接近段的视觉适应状态和其视网膜中心凹对视野中心亮度的适应速度，受洞外亮度大小和人眼生理特征影响。

基于稳态视觉适应理论的 L_{20} 方法是目前用于确定隧道入口段亮度等级的方法之一，入口段亮度划分为 TH_1、TH_2 两个照明段，计算公式如下：

$$L_{th1} = k \times L_{20}(S) \tag{2-2}$$

$$L_{th2} = 0.5 \times k \times L_{20}(S) \tag{2-3}$$

式中：L_{th1}、L_{th2}——分别为入口段 TH_1 和 TH_2 的亮度（cd/m^2）；

$L_{20}(S)$——洞外亮度（cd/m^2）；

k——入口段亮度折减系数，取值如表 2-2 所示。

入口段亮度折减系数 k 表 2-2

设计交通量		设计速度（km/h）				
		20 ~ 40	60	80	100	120
单向交通 [veh/(h·ln)]	双向交通 [veh/(h·ln)]	k 值				
≤350	≤180	0.01	0.015	0.025	0.035	0.05
≥1200	≥650	0.012	0.022	0.035	0.045	0.07

式（2-2）、式（2-3）适用于非光学长隧道长度大于 500m 或者光学长隧道长度大于 300m 的入口段 TH_1、TH_2 的亮度计算。若非光学长隧道长度 300m < L≤500m 或者光学长隧道长度 100m < L≤300m，入口段 TH_1、TH_2 的亮度只取式（2-2）、式（2-3）计算值的 50%；若非光学长隧道长度 200m < L≤300m，TH_1、TH_2 的亮度只取式（2-2）、式（2-3）计算值的 20%。

目前有两种途径可实现入口段亮度需求，一是采用人工照明方法，在入口段隧道中间顶部或者两侧布灯，通过调整灯具投射角度、灯具之间距离以及灯具布置形式等，为隧道路面和墙壁提高合适的光通量；二是采用减光棚，在入口段利用自然光线为路面提高光通量。

（3）过渡段照明

入口段之后便是过渡段，此段照明需要避免入口段与内部中间照明之间的急剧变化。亮度变化应逐级递减，以免因驾驶员不能适应亮度变化而产生"视觉停留"效应，危害驾驶安全。

过渡段按照渐变递减原则分为 TR_1、TR_2、TR_3 三个照明段,亮度计算公式如下:

$$L_{tr1} = 0.15 \times L_{th1} \tag{2-4}$$

$$L_{tr2} = 0.05 \times L_{th1} \tag{2-5}$$

$$L_{tr3} = 0.02 \times L_{th1} \tag{2-6}$$

式中:L_{tr1}、L_{tr2}、L_{tr3}——过渡段 TR_1、TR_2 和 TR_3 的亮度(cd/m^2),亮度比例按 3:1 划分。根据《公路隧道照明设计细则》(JTG/T 2-01—2014),当隧道长度 $L \leqslant 300m$ 时,可不设置过渡段加强照明;当隧道长度 $300m < L \leqslant 500m$ 时,若过渡段 TR_1 能完全看到隧道出口,可不设置 TR_2、TR_3 段加强照明;若 TR_3 过渡段的亮度小于或等于中间段亮度的 2 倍,可不设置 TR_3 过渡段加强照明。

(4)中间段照明

中间段介于过渡段和出口段之间,此段因为驾驶员基本适应隧道内环境,所以照明应保持恒定。但隧道内若发生事故,严重程度一般大于隧道外的路段,因此,中间路段也必须具有一定的亮度等级。中间段照明亮度应按表2-3取值。

中间段照明亮度 L_{ln} 表 2-3

设计速度（km/h）	L_{ln} (cd/m^2)		
	双向交通 [veh/(h·ln)]		
	$N \leqslant 180$	$180 < N \leqslant 650$	$N \geqslant 650$
	单向交通 [veh/(h·ln)]		
	$N \leqslant 350$	$350 < N \leqslant 1200$	$N \geqslant 1200$
20~40	1	1	1
60	1	1.5	2
80	1.5	2.5	3.5
100	3	4.5	6.5
120	4.5	6	10

由于隧道中段处于暗环境状态,人为布设照明设施与自然的亮环境所产生的光源不同,若间断性布置会导致路面亮度产生不均匀和明暗交替现象,产生"斑马效应",无法保证路面亮度的均匀性。

(5)出口段照明

出口段为接近出隧道口的区段。行驶在隧道洞内的驾驶员视野较为暗淡,而当接近隧道出口时,白天隧道外亮度远比隧道内高,亮度差异将会影响驾驶员的视认效果,视野由暗到明,严重时出现"白洞效应"。并且在出口段附近,前车背后的小型车常难以发现、视认,设置出口加强照明可有效消除这类视觉问题。

出口段划分为 EX_1、EX_2 两端,每段宜取 30m,亮度由下式计算:

$$L_{ex1} = 3 \times L_{ln} \qquad\qquad (2-7)$$

$$L_{ex2} = 5 \times L_{ln} \qquad\qquad (2-8)$$

式中:L_{ex1}、L_{ex2}——分别为出口段 EX_1、EX_2 的亮度(cd/m^2)。当直线隧道长度 $L \leqslant 300m$ 时,可不设置出口段加强照明;当 $300m < L \leqslant 500m$ 时,可只设置 EX_2 出口段加强照明。

2.1.2　公路隧道光路方案

1)公路隧道照明布灯方案

隧道灯具有很多布置方式,如图 2-2 所示,可以安装在拱顶或者墙壁上,沿着隧道纵向方向可单排布灯,也可双排布灯。在双排布灯的情况下,既可成对布置,也可交错布置。由于安装在侧面的灯具发出不连续直射光容易造成驾驶室"闪光"的不快感,因此尽量将灯具安装在隧道顶部两侧或中央,且安装高度在路面以上 4~5m 比较合适。隧道灯具呈线性分布,一般情况下,路面亮度均匀度应保证不小于 35%。在隧道照明系统设计中,入口段和出口段灯具的密度和照度通常最大,而中间段最小。同时中间段灯具的布设长度最长,其他段的灯具布设长度应根据隧道实际长度和实际要求进行计算。隧道照明禁止的灯具安装间距如图 2-3 所示。

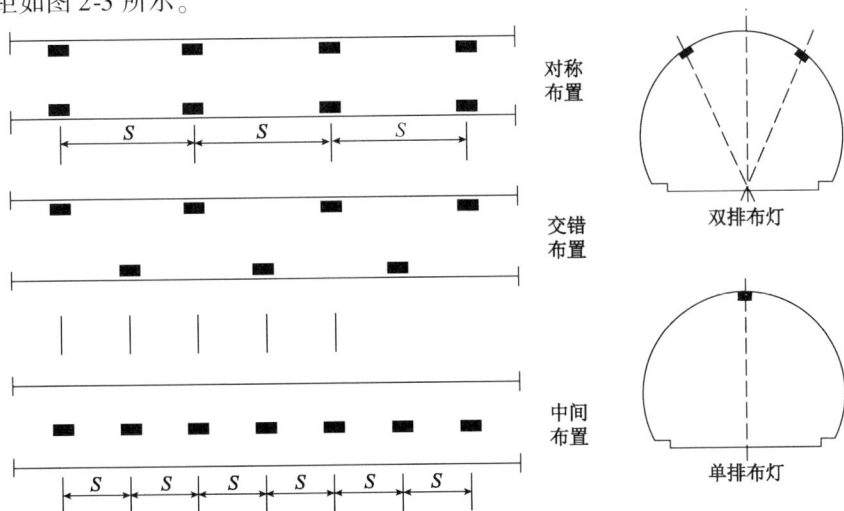

图 2-2　隧道照明布灯方式

17

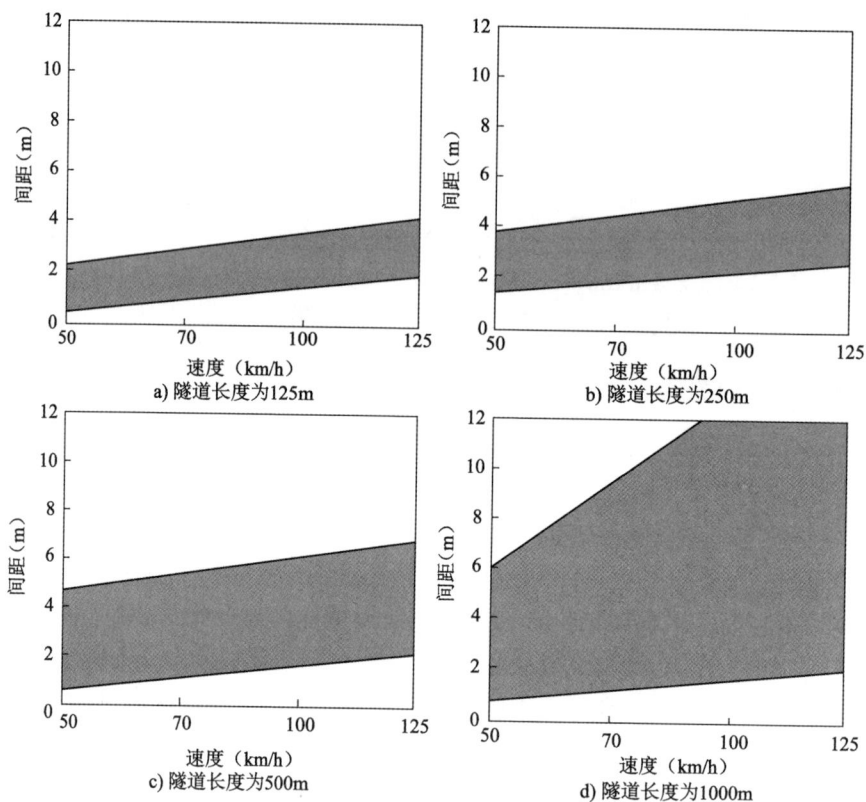

图 2-3　隧道照明禁止的灯具安装间距(阴影区)

在隧道照明灯具的布置中,尤其需要注意的是频闪效应。在隧道顶上,沿隧道轴线不连续地安装的灯具会在驾驶员的眼睛中产生闪烁现象。频闪的发生一般是由于灯具间距布置不合理,使驾驶员不断受到明暗变化的刺激而产生不舒适感。频闪与明暗的亮度变化、明暗变化的频率、频闪的总时间有关,闪烁频率可由下式计算:

$$Z = \frac{v}{S}$$

式中:Z——闪烁频率(Hz);

　　　v——交通速度(m/s);

　　　S——灯具间距(m)。

一般来讲,闪烁频率小于 2.5Hz 以下和大于 15Hz 以上时所造成的频闪现象可以忽略不计。

2)公路隧道布灯光照效率

隧道布灯方案设计总的原则是在最经济的条件下达到最好的照明效果。隧道照明常用的三种布灯方式包括对称布置、交错布置和中央布置,另外国内一些隧道还采用偏置布灯的方式,例如重庆万州到开县高速公路上的铁峰 1 号隧道经改造采用这种方式,并取得较好的节能效果。对于实际布灯方案的选择,在都能满足洞内所需亮度的要求下,还要考虑到灯具布置的频闪、维修、诱导、节能等因素。本节以对称布灯、交错布灯和中央布灯为研究对象,分析三种布灯方式的特点。

在同一隧道内,设上述三种布灯方案有相同的布灯间距,使用同型号、同功率的灯具,假设路面上一点的照度只受相邻两排灯具的影响,不涉及第三排及更多排灯具。我国《公路隧道照明设计细则》(JTG/T D70/2-01—2014)也说明隧道内距计算区域(一般取一倍布灯间距范围内的面积作为计算区域)一倍以上的灯具影响较小,可以不考虑在内。一灯具在路面上一点 P 所产生的照度为:

$$E_P = \frac{I(c,r)\cos^3 r}{h^2} \tag{2-9}$$

式中:$I(c,r)$——灯具指向 r 角和 c 角所确定的 P 的光强;

$\quad\quad c$——灯具的水平角度(或方位角);

$\quad\quad r$——灯具的垂直角度(或高度角);

(c,r)——P 点相对于灯具的角度;

$\quad\quad h$——灯具的安装高度。

进行计算时,首先根据计算点的位置确定灯具的坐标(c,r),从所用灯具的等光强曲线图或光强表中找出灯具指向 P 点的光强值,然后根据上面的公式计算出灯具在 P 点产生的照度 E_P。需要注意的是,若设计中所用灯具的倾角为 0°,则可以直接从等光强曲线图或光强表中查找。但如果灯具的倾角不是 0°,应通过平面转换公式,求出与(c,r)角相一致的角度,内插求出 $I(c,r)$ 的值。路面平均照度可以根据灯具的利用系数曲线图进行计算。路面平均照度可按下式计算:

$$E_{av} = \frac{\eta \Phi MN}{WS} \tag{2-10}$$

式中:η——利用系数,它与灯具的安装高度和路面宽度因素有关;

$\quad\quad \Phi$——灯具的光通量(lm);

　　M——灯具的养护系数；

　　N——灯具的布置系数，对称布置时取 2，交错及中央布置取 1；

　　W——隧道路面宽度；

　　S——布灯间距。

对于对称布灯和交错布灯，根据前面所述的假设条件，由于所用灯具为同型号、同功率，单侧布灯间距一样，则灯具光通量 Φ 和灯具的养护系数 M 相同，同时，由于利用系数取决于灯具的光通量和路面宽度，而路面宽度 W 不变，灯具安装条件相同，所以两种布灯方案的利用系数 η 也是相同的。对称布置时灯具的布置系数取 2，交错布置取 1，所以从公式可以看出，对称布灯在路面上产生的平均照度和交错布灯在路面上产生的平均照度相等。但是，由于对称布灯产生的路面照度大多集中在两灯相对区域内，而交错布灯产生的路面照度分布较均匀，所以对称布灯出现的最小照度点一般小于交错布灯出现的最小照度点，通过 $U_0 = E_{\min}/E_{av}$ 可知，交错布灯的路面总均匀度要好于对称布灯，即交错布灯的照明质量比对称布灯好。

对比交错布灯和中央布灯，由于中央布灯的灯具安装高度一般比交错布灯要高，所以其利用系数要大于交错布灯的利用系数，因此可以获得比较高的路面平均照度，且路面均匀度较好。综上所述，如果仅仅从布灯的光照效率上来讲，中央布灯的效率是最高的，而交错布灯的效率要好于对称布灯。但在实际应用中，我们不仅仅要考虑布灯的效率，还要考虑到现场环境的需要，例如，虽然对称布灯效率不如交错布灯，而且灯具选择不好容易产生频闪现象，但对于路面较宽的隧道和从应用美观上来讲，采用对称布灯是较好的选择；此外，中央布灯在进行灯具维修时要占用机动车行车道，妨碍交通的正常运营，这也是中央布灯最大的问题所在。

3）照明布灯的优化

对于某一种布灯方案，可以通过设置灯具间距、安装倾角和安装高度来找到最佳布灯条件。在实际工程中一般是利用试验不断探索一种相对合理的布灯条件，但往往很难找到最佳的布灯条件，这样实际隧道照明运营中仍然存在电能浪费。因此，为了在布灯方式上达到最大程度上的节能，本节通过对每一种布灯方案建立数学模型，再进行优化，来寻找一种相对理想的布灯条件。一般情况下，隧道照明布灯首先要确定多大的布灯间距是合理的，进而选出合适的灯具。灯具的布置间距主要受到隧道频闪的限制和路面照度的影响。因此，这里以隧道内所需光通量最小为优化目标，以频闪限制和亮度要求为约束条件建立规划模型，初步确定布灯间距：

$$\begin{cases} \text{Min}Q = \Phi \cdot \dfrac{L}{S}N \\[2mm] S \cdot T \cdot \dfrac{v}{3.6 \cdot S} \geqslant 15 \\[2mm] \dfrac{v}{3.6 \cdot S} \leqslant 2.5 \\[2mm] \dfrac{\eta \Phi MN}{WS} \geqslant E_{\text{av}} \end{cases} \qquad (2\text{-}11)$$

式中：Φ——隧道内所需要的总的光通量(lm)；

L——安装灯具隧道段长度；

v——设计速度(km/h)；

E_{av}——设计路面平均照度值(lx)，取决于设计车速和交通量。

不等式组是一个简单的非线性规划模型，利用 MATLAB 中的优化工具箱可以方便地求解。通过该模型能够得到优化后的光源光通量 Φ 和布灯间距 S，再利用光源光通量选择合适的灯具功率。

（1）单灯优化问题

在确定好布灯间距之后，接下来要做的就是寻找最佳的灯具安装高度和灯具倾角。本书将从单灯、单排、双排角度对隧道照明布灯方式进行建模优化。研究怎样的布灯高度和灯具倾角在能够满足隧道照明需要的同时，最大程度上实现节能。对于单灯优化问题，如图 2-4 所示，假设光源 A 为点光源，O 点是光源在路面上的垂直投影，Q 点是光源点 A 在路面上的一个投射点，r 为光源点 A 到投射点 Q 的投射角，记光源点 A 到投影点 O 之间的距离为 h，投射点 Q 到光源点 A 的水平距离为 l。

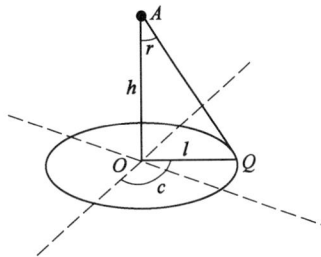

图 2-4 单灯照明示意图

路面的照度依赖于光源的投射角度 r 和光源到路面的投影距离 h 的平方倒数，设光源点 A 在 Q 点产生的光强可以简化计算为 $I_{(c,r)} = I_Q = P/(l^2 + h^2)$，$P$ 为灯具的功率，则 Q 点的照度 E_Q 可由公式计算得到：

$$\begin{cases} E_Q = \dfrac{I(c,r)\cos^3 r}{h^2} \\[3mm] \cos r = \dfrac{h}{\sqrt{h^2 + l^2}} \end{cases} \qquad (2\text{-}12)$$

整理得：

$$E_Q = \frac{P \cdot [h/\sqrt{(h^2+l^2)}]^3}{(h^2+l^2)h^2} = \frac{P \cdot h}{(\sqrt{h^2+l^2})^5} \tag{2-13}$$

对于单灯优化问题，只需要灯具的照明强度不得低于物体可见度的要求，即在照明强度不低于 E_0 时，才算是满足要求的。以照射面积最大为优化目标，E_0 为约束条件，建立单灯具单约束的数学模型，求解灯具的最优高度。

$$E_Q = P \cdot h/(\sqrt{h^2+l^2})^5 \geqslant E_0 \tag{2-14}$$

由此所确定的面积为一以 O 为圆心的圆，半径为：

$$l = \sqrt{(Ph/E_0)^{2/5} - h^2} \tag{2-15}$$

即：

$$S = \pi l^2 = \pi[(Ph/E_0)^{2/5} - h^2] \tag{2-16}$$

通过对上式进行求导，得：

$$\frac{\partial S}{\partial h} = \pi\left[(P/E_0)^{2/5} \cdot \frac{2}{5}h^{-3/5} - 2h\right] \tag{2-17}$$

令 $\mathrm{d}S/\mathrm{d}h = 0$，求得：

$$h = 5^{-5/8} \cdot \sqrt[4]{P/E_0} \tag{2-18}$$

此时光源的照射面积 S 最大，即单灯的最优高度为 $5^{-5/8} \cdot \sqrt[4]{P/E_0}$。

（2）中央布灯优化

前面已经提到，距计算区域 1 倍以上的灯具对计算区域内照度的影响可以忽略不计。因此只考虑相邻灯具间的计算区域。设 A_1、A_2 是相邻的两光源，同

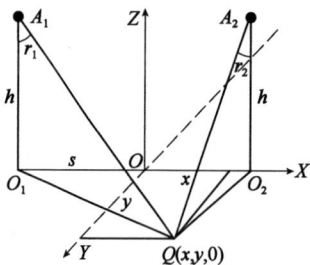

图 2-5 隧道照明中央布灯示意图

型号、同功率，且灯具高度相同都为 h，采用中央布灯方式，布灯间距为 s。以两光源的水平连线即路面纵向线为 X 轴，两灯具连线中心点为原点 O，建立空间直角坐标系，如图 2-5 中的 Q 点，$(x,y,0)$ 是路面上的任意一点。

根据《公路隧道照明设计细则》（JTG/T D70/2-01—2014）要求，路面不仅要具有一定的照度，其均匀性也是非常重要的。通过使路面的最小照度达

到最大或者使最大照度达到最小,来尽量缩小照明区域内照度最小值与最大值之间的差距,保证隧道内有较好的路面均匀度。两光源在路面 P 产生的光强值为 $I_Q = P/[(x+s/2)^2 + y^2 + h^2] + P/[(x-s/2)^2 + y^2 + h^2]$,则 P 点照度为:

$$E_Q = E_{A1} + E_{A2} = \frac{Ph}{\sqrt{[(x+s/2)^2 + y^2 + h^2]^5}} + \frac{Ph}{\sqrt{[(x-s/2)^2 + y^2 + h^2]^5}}$$

(2-19)

对于中央布灯,其计算区域关于 X 轴和 Y 轴对称,因此可以只对 1/4 路面进行计算。设路面宽度为 W,通过等式对 x,y 积分,路面的总照度为:

$$E_Z = 4 \iint \left\{ \frac{Ph}{\sqrt{[(x+s/2)^2 + y^2 + h^2]^5}} + \frac{Ph}{\sqrt{[(x-s/2)^2 + y^2 + h^2]^5}} \right\} \mathrm{d}x\mathrm{d}y$$

$$= 4 \int_0^{s/2} \int_0^{w/2} \left\{ \frac{Ph}{\sqrt{[(x+s/2)^2 + y^2 + h^2]^5}} + \frac{Ph}{\sqrt{[(x-s/2)^2 + y^2 + h^2]^5}} \right\} \mathrm{d}x\mathrm{d}y$$

(2-20)

相应计算区域的面积为 Ws,则路面的平均照度 $E = E_Z/(Ws)$,设路面满足的标准平均照度为 E_0,因此要求 $E > E_0$。要想得到路面照度的最小照度,首先要求找到在 $x(-s/2, s/2), y(0, W/2)$ 范围内的极小值点。对 E_Q 求偏导,得:

$$\begin{cases} \mathrm{d}E_Q/\mathrm{d}x = -5Ph \left\{ \dfrac{x+s/2}{\sqrt{[(x+s/2)^2 + y^2 + h^2]^7}} + \dfrac{x-s/2}{\sqrt{[(x-s/2)^2 + y^2 + h^2]^7}} \right\} \\[4mm] \mathrm{d}E_Q/\mathrm{d}y = -5Phy \left\{ \dfrac{1}{\sqrt{[(x+s/2)^2 + y^2 + h^2]^7}} + \dfrac{1}{\sqrt{[(x-s/2)^2 + y^2 + h^2]^7}} \right\} \end{cases}$$

(2-21)

令 $\mathrm{d}E_Q/\mathrm{d}x = 0, \mathrm{d}E_Q/\mathrm{d}y = 0$,解得 $x = 0, y = 0$ 为唯一极值点,但是不是最小值点,还要与区间端点 $(0,0),(s/2,0),(0,W/2),(s/2,W/2)$ 做比较。其实很明显,$(0,W/2)$ 为最小照度点,即 Y 轴与路面边缘的交点,最小照度值为:

$$\begin{cases} E_Q = E_{A1} + E_{A2} = \left. \dfrac{Ph}{\sqrt{[(x+s/2)^2 + y^2 + h^2]^5}} + \dfrac{Ph}{\sqrt{[(x-s/2)^2 + y^2 + h^2]^5}} \right|_{\substack{x=0 \\ y=W/2}} \\[4mm] = \dfrac{Ph}{\sqrt{[(0+s/2)^2 + (W/2)^2 + h^2]^5}} + \dfrac{Ph}{\sqrt{[(0-s/2)^2 + (W/2)^2 + h^2]^5}} \end{cases}$$

(2-22)

从等式看出,要想使最小照度点达到最大照度值,需要合理调整灯具高度。因此,等式可以看作以布灯间距为变量的一维函数,问题又转化为函数方程求极值。最小照度 $E_{\min}$ 对 h 求偏导,得:

$$\mathrm{d}E_{\min}/\mathrm{d}h = 64P\left[1\big/\sqrt{(s^2 + W^2 + 4h^2)^5} - 20h^2\big/\sqrt{(s^2 + W^2 + 4h^2)^7}\right]$$

$$(2\text{-}23)$$

令 $\mathrm{d}E_{\min}/\mathrm{d}h = 0$,求得:

$$h = \sqrt{(s^2 + W^2)/8} \tag{2-24}$$

可以证明其为方程的唯一极值点,也是最大值点。即中央布灯时,布灯间距可以由上式求出,灯具安装高度为:

$$h_{\text{灯}} = \sqrt{s^2 + W^2}/4 \tag{2-25}$$

(3)对称布灯优化

中央布灯是把灯具安装在隧道的顶部,灯具倾角为 0°,而对称布灯和交错布灯是把灯具安装在隧道的两侧,一般都要有一个灯具倾角 α。因此,对于对称布灯和交错布灯来讲,路面照度值的大小不仅与布灯间距和灯具安装高度有关,而且还要受到灯具倾角的影响。这时需要通过平面转换公式,对路面的照度值进行重新计算。如果灯具具有倾角 α,则路面任意一点的照度大小为:

$$E_Q = \frac{P \cdot h}{\sqrt{(h^2 + l^2)^5}}\left(\cos\alpha + \frac{l}{h}\sin\alpha\right) = \frac{P(h\cos\alpha + l\sin\alpha)}{\sqrt{(h^2 + l^2)^5}} \tag{2-26}$$

式中:E_Q——灯具有倾角 α 时的路面照度值;

l——光源在路面上的投影点与计算点之间的水平距离。

图 2-6 所示为一对称布灯示意图,建立以路面中央纵向线为 X 轴,计算区域中心点为原点的空间直角坐标系,很明显,路面一点 Q 的照度大小等于周围四盏灯具在路面分别产生照度值的叠加。假设对称布灯条件与中央布灯相同,则 Q 点的照度值大小为:

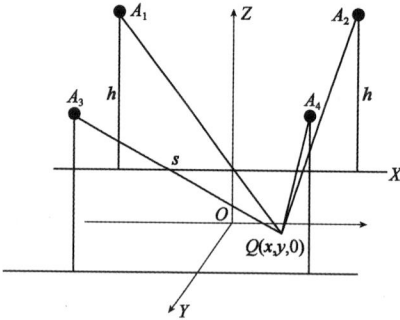

图 2-6　隧道照明对称布灯示意图

$$\begin{cases} E_Q = E_Q^{A1} + E_Q^{A2} + E_Q^{A3} + E_Q^{A4} \\[2mm] E_Q^{A1} = p \left\{ h\cos\alpha + \sin\alpha \sqrt{(x + s/2)^2 + y^2} \Big/ \sqrt{[h^2 + (x + s/2)^2 + y^2]^5} \right\} \\[2mm] E_Q^{A2} = p \left\{ h\cos\alpha + \sin\alpha \sqrt{(x - s/2)^2 + y^2} \Big/ \sqrt{[h^2 + (x - s/2)^2 + y^2]^5} \right\} \\[2mm] E_Q^{A3} = p \left\{ h\cos\alpha + \sin\alpha \sqrt{(x + s/2)^2 + (y - W/2)^2} \Big/ \sqrt{[h^2 + (x + s/2)^2 + (y - W/2)^2]^5} \right\} \\[2mm] E_Q^{A4} = p \left\{ h\cos\alpha + \sin\alpha \sqrt{(x - s/2)^2 + (y - W/2)^2} \Big/ \sqrt{[h^2 + (x - s/2)^2 + (y - W/2)^2]^5} \right\} \end{cases}$$

$$\text{(2-27)}$$

由于计算区域关于 X 轴和 Y 轴都是对称的,因此,路面总照度为所计算区域照度的 4 倍,即路面总照度为:

$$E_Z = 4 \int_{-s/2}^{s/2} \int_0^{W/2} E_Q = 4 \int_{-s/2}^{s/2} \int_0^{W/2} (E_Q^{A1} + E_Q^{A2} + E_Q^{A3} + E_Q^{A4}) \qquad \text{(2-28)}$$

相应计算区域的面积为 Ws,则路面的平均照度是:

$$\overline{E} = \frac{E_Z}{Ws} \qquad \text{(2-29)}$$

设路面满足的标准平均照度为 E_0,因此要求 $E \geqslant E_0$。

在初始布灯间距下,路面的照度值公式是关于计算点位置、灯具安装高度和灯具倾角的四维函数,要想求得路面的最小照度点,并使最小照度达到最大,必须求出 E_Q 的极小值点。E_Q 分别对 x、y、h、α 求偏导,得:

$$\begin{cases} \dfrac{\mathrm{d}E_Q}{\mathrm{d}x} = \dfrac{\mathrm{d}E_Q^{A1}}{\mathrm{d}x} + \dfrac{\mathrm{d}E_Q^{A2}}{\mathrm{d}x} + \dfrac{\mathrm{d}E_Q^{A3}}{\mathrm{d}x} + \dfrac{\mathrm{d}E_Q^{A4}}{\mathrm{d}x} \\[3mm] \dfrac{\mathrm{d}E_Q}{\mathrm{d}y} = \dfrac{\mathrm{d}E_Q^{A1}}{\mathrm{d}y} + \dfrac{\mathrm{d}E_Q^{A2}}{\mathrm{d}y} + \dfrac{\mathrm{d}E_Q^{A3}}{\mathrm{d}y} + \dfrac{\mathrm{d}E_Q^{A4}}{\mathrm{d}y} \\[3mm] \dfrac{\mathrm{d}E_Q}{\mathrm{d}h} = \dfrac{\mathrm{d}E_Q^{A1}}{\mathrm{d}h} + \dfrac{\mathrm{d}E_Q^{A2}}{\mathrm{d}h} + \dfrac{\mathrm{d}E_Q^{A3}}{\mathrm{d}h} + \dfrac{\mathrm{d}E_Q^{A4}}{\mathrm{d}h} \\[3mm] \dfrac{\mathrm{d}E_Q}{\mathrm{d}\alpha} = \dfrac{\mathrm{d}E_Q^{A1}}{\mathrm{d}\alpha} + \dfrac{\mathrm{d}E_Q^{A2}}{\mathrm{d}\alpha} + \dfrac{\mathrm{d}E_Q^{A3}}{\mathrm{d}\alpha} + \dfrac{\mathrm{d}E_Q^{A4}}{\mathrm{d}\alpha} \end{cases}$$

$$\text{(2-30)}$$

令所有方程式等于 0,从而可以求得 h 和 α 关于 x, y 的函数,为了简化计算,这里记 $h = h(x, y)$,$\alpha = \alpha(x, y)$,将其代入等式并使等式为 0,得:

$$\begin{cases} \left.\dfrac{\mathrm{d}E_Q}{\mathrm{d}x}\right|_{\substack{h\,=\,h(x,y) \\ \alpha\,=\,\alpha(x,y)}} = \dfrac{\mathrm{d}E_Q^{A1}}{\mathrm{d}x} + \dfrac{\mathrm{d}E_Q^{A2}}{\mathrm{d}x} + \dfrac{\mathrm{d}E_Q^{A3}}{\mathrm{d}x} + \dfrac{\mathrm{d}E_Q^{A4}}{\mathrm{d}x} = 0 \\[4mm] \left.\dfrac{\mathrm{d}E_Q}{\mathrm{d}y}\right|_{\substack{h\,=\,h(x,y) \\ \alpha\,=\,\alpha(x,y)}} = \dfrac{\mathrm{d}E_Q^{A1}}{\mathrm{d}y} + \dfrac{\mathrm{d}E_Q^{A2}}{\mathrm{d}y} + \dfrac{\mathrm{d}E_Q^{A3}}{\mathrm{d}y} + \dfrac{\mathrm{d}E_Q^{A4}}{\mathrm{d}y} = 0 \end{cases} \tag{2-31}$$

该方程组的解为驻点,将驻点与区间端点$(0,0)$,$(s/2,0)$,$(0,W/2)$,$(s/2,W/2)$的函数值进行比较,求出路面照度最小点的位置。再由 $h=h(x,y)$,$\alpha=\alpha(x,y)$计算出相应的 h 和 α 值,即为最小照度点达到最大时的灯具安装高度和安装倾角。对于非线性方程和方程组,要想直接得到其解析解是非常困难的,因此,在知道实际数据的情况下,可以通过数值方法求解。

(4)交错布灯优化

交错布灯是在隧道墙壁的两侧交叉分布灯具,与对称布灯相同,需要通过对

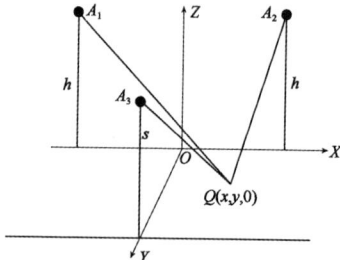

图2-7 隧道照明交错布灯示意图

灯具安装高度和灯具倾角的优化,来提高隧道路面的均匀度。假设条件同上,以单侧灯具的水平连线为 X 轴,以路面灯具连线的中点为原点 O,建立空间直角坐标系,如图2-7所示。设其单侧灯具间距为 s,灯具倾角为 α,根据平面转换公式,路面任意一点 Q 的照度大小可以利用下面一组公式得到:

$$\begin{cases} E_Q = E_Q^{A1} + E_Q^{A2} + E_Q^{A3} \\[3mm] E_Q^{A1} = p\left[h\cos\alpha + \sin\alpha\sqrt{(x+s/2)^2 + y^2}\,\right] \Big/ \sqrt{[h^2 + (x+s/2)^2 + y^2]^5} \\[3mm] E_Q^{A2} = p\left[h\cos\alpha + \sin\alpha\sqrt{(x-s/2)^2 + y^2}\,\right] \Big/ \sqrt{[h^2 + (x-s/2)^2 + y^2]^5} \\[3mm] E_Q^{A3} = p\left[h\cos\alpha + \sin\alpha\sqrt{(x+s/2)^2 + (y-W)^2}\,\right] \Big/ \sqrt{[h^2 + (x+s/2)^2 + (y-W)^2]^5} \end{cases}$$

$$\tag{2-32}$$

由于计算区域关于 Y 轴对称,因此可按1/2区域来考虑,路面总照度为路面右半部分照度总和的两倍,即路面总照度为:

$$E_Z = 2\int_{-s/2}^{s/2}\int_0^W E_Q = 2\int_{-s/2}^{s/2}\int_0^{W/2}(E_Q^{A1} + E_Q^{A2} + E_Q^{A3}) \tag{2-33}$$

相应计算区域的面积为 W_s,则路面的平均照度是:

$$\overline{E} = \frac{E_z}{W_s} \tag{2-34}$$

设路面满足的标准平均照度为 E_0，因此要求 $\overline{E} \geqslant E_0$。

同样和对称布置一样，在初始的布灯间距下，要想求得路面的最小照度点，并使最小照度达到最大，必须求出 E_Q 的极小值点。E_Q 分别对 x、y、h、α 求偏导，得：

$$\begin{cases} \dfrac{\mathrm{d}E_Q}{\mathrm{d}x} = \dfrac{\mathrm{d}E_Q^{A1}}{\mathrm{d}x} + \dfrac{\mathrm{d}E_Q^{A2}}{\mathrm{d}x} + \dfrac{\mathrm{d}E_Q^{A3}}{\mathrm{d}x} \\[2mm] \dfrac{\mathrm{d}E_Q}{\mathrm{d}y} = \dfrac{\mathrm{d}E_Q^{A1}}{\mathrm{d}y} + \dfrac{\mathrm{d}E_Q^{A2}}{\mathrm{d}y} + \dfrac{\mathrm{d}E_Q^{A3}}{\mathrm{d}y} \\[2mm] \dfrac{\mathrm{d}E_Q}{\mathrm{d}h} = \dfrac{\mathrm{d}E_Q^{A1}}{\mathrm{d}h} + \dfrac{\mathrm{d}E_Q^{A2}}{\mathrm{d}h} + \dfrac{\mathrm{d}E_Q^{A3}}{\mathrm{d}h} \\[2mm] \dfrac{\mathrm{d}E_Q}{\mathrm{d}\alpha} = \dfrac{\mathrm{d}E_Q^{A1}}{\mathrm{d}\alpha} + \dfrac{\mathrm{d}E_Q^{A2}}{\mathrm{d}\alpha} + \dfrac{\mathrm{d}E_Q^{A3}}{\mathrm{d}\alpha} \end{cases} \tag{2-35}$$

令等式等于 0，从而求得 h 和 α 关于 x,y 的函数，记为 $h = h(x,y)$，$\alpha = \alpha(x,y)$，将其代入得：

$$\begin{cases} \dfrac{\mathrm{d}E_Q}{\mathrm{d}x}\bigg|_{\substack{h=h(x,y) \\ \alpha=\alpha(x,y)}} = \dfrac{\mathrm{d}E_Q^{A1}}{\mathrm{d}x} + \dfrac{\mathrm{d}E_Q^{A2}}{\mathrm{d}x} + \dfrac{\mathrm{d}E_Q^{A3}}{\mathrm{d}x} = 0 \\[4mm] \dfrac{\mathrm{d}E_Q}{\mathrm{d}y}\bigg|_{\substack{h=h(x,y) \\ \alpha=\alpha(x,y)}} = \dfrac{\mathrm{d}E_Q^{A1}}{\mathrm{d}y} + \dfrac{\mathrm{d}E_Q^{A2}}{\mathrm{d}y} + \dfrac{\mathrm{d}E_Q^{A3}}{\mathrm{d}y} = 0 \end{cases} \tag{2-36}$$

将方程组得到的驻点与区间端点 $(0,0)$，$(s/2,0)$，$(0,W/2)$，$(s/2,W/2)$ 的函数值做比较，求出路面最小照度点的位置；再由 $h = h(x,y)$，$\alpha = \alpha(x,y)$ 计算出相应的 h 和 α 值，即为最小照度点达到最大时的灯具安装高度和倾角。

对比对称布灯、交错布灯和中央布灯三种布灯方式的布灯效率，中央布灯的效率最高，交错布灯要好于对称布灯，在隧道内适当采用中央布灯方式可以提高光效，节约光源消耗的功率。根据光源功率和位置便可计算出最佳的布灯间距、灯具安装倾角和灯具的安装高度。

2.1.3 公路隧道照明配光

光源在空间各个方向上的光强分布称为配光，表示配光分布情况的曲线称为配光曲线。配光曲线可分为垂直配光曲线和水平配光曲线，前者表示光强在垂直平面内的分布曲线，后者表示光强在水平平面的分布曲线。一般来讲，水平配光曲线都近似于圆形,而通常指的配光曲线为平均垂直配光曲线(图 2-8a),用以表示该灯具或光源在空间上的光强分布。如果灯具的配光在不同空间位置属于非对称配光时,则需要用三个垂直的平面空间坐标来表示。另一种表示方法是以偏离中心垂直投光角度来表示光强的分布,如图 2-8b)所示。需要注意的是,这里所给出的照明器的配光曲线或光强数值表是在光源的光通量 1000lm下绘制的。如果光通量不等于 1000lm,则需要按曲线或表格查出的光强值乘以一个相应的系数,该系数为光通量值 $\Phi/1000$。

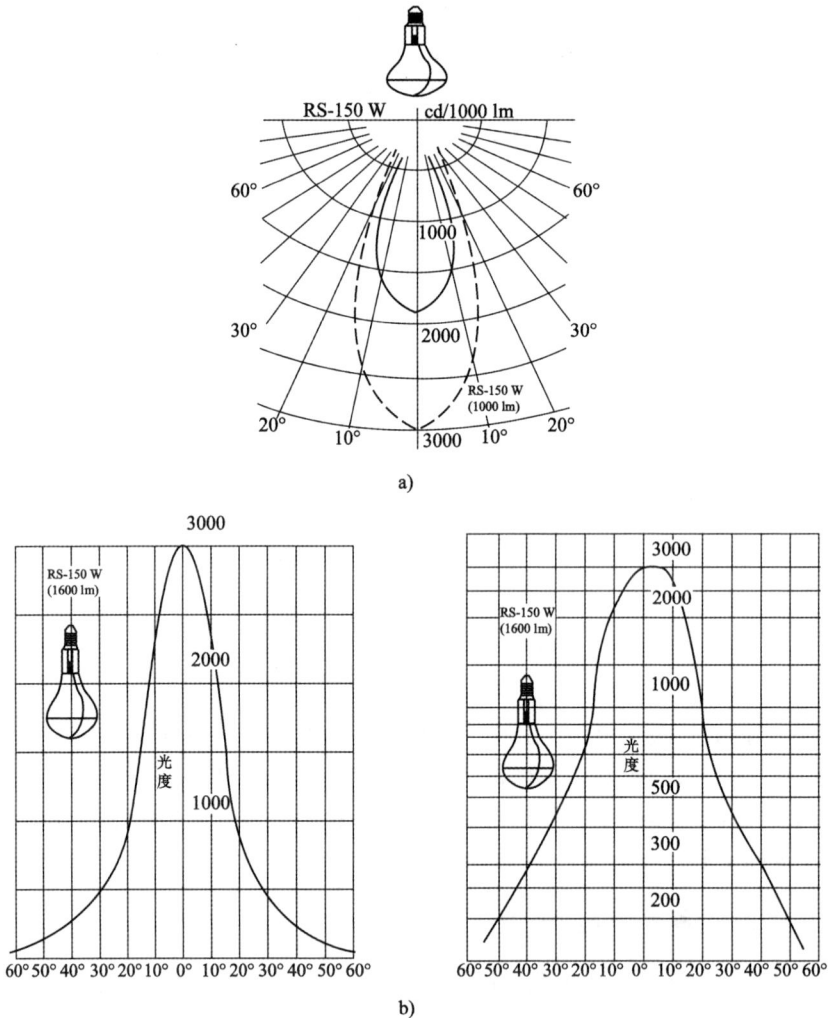

a)

b)

图 2-8　照明光源配光曲线

注:b)图左边为一般方格图绘制,右边为对数方格图绘制。

隧道灯具的配光形式要充分考虑到隧道的特点和行车要求。目前隧道内大多采用对称配光形式,对称配光又可分为横向对称配光和纵向对称配光;另一种配光形式——逆光照明在国外有多年的研究基础,而国内研究相对较少,尤其是在节能效果方面的研究。所谓逆光照明,就是其配光曲线沿道路轴线方向呈非对称分布,光束集中投向机动车行驶方向,以此提高路面物体的背景亮度,便于驾驶员辨识。而一般对称配光照亮的是物体的正面,降低了物体的路面背景亮度,进而影响驾驶员行驶安全。设路面亮度为 L,产生的垂直照度为 EV,对称照明时,一般 $L/\text{EV} \leqslant 0.2$,而对于逆向照明通常 $L/\text{EV} \geqslant 0.6$。通过对不同形式的灯具配光(横向对称照明、纵向对称照明和逆光照明)进行仿真试验,研究逆光照明和其他两种配光形式在隧道内的适应范围,并对逆光照明的影响因素进行探讨。三种隧道照明配光形式的比较如表2-4所示。

表2-4　三种隧道照明配光形式的比较

隧道照明类型	横向对称照明	纵向对称照明	逆向照明
特征	光线沿道路横断面方向入射,灯具配光大致对称	光线沿道路纵断面车辆行驶方向入射,灯具配光对称	光线沿道路纵断面车辆行驶反方向入射,灯具配光不对称
图示			
配光方式			
实例			

2.2　公路隧道照明光谱学与光度学

2.2.1　视觉与光

1)光

光就是能引起人眼光亮感觉的电磁辐射。除可见光外,人眼也能对很强的紫外线或者是红外线产生反应,但这种反应属于其他物理或生理的现象。因此,从视觉概念上讲,光的概念是指可见光辐射。

2) 视觉函数

人眼对不同波长的光的响应度也有所不同,对此可用光谱光视效能这个量来描述。光谱光视效能 $K(\lambda)$ 与光谱辐射通量 $\Phi_e(\lambda)$ 和光谱光通量 $\Phi_v(\lambda)$ 有如下关系:

$$K(\lambda) = \frac{\Phi_v(\lambda)}{\Phi_e(\lambda)} \tag{2-37}$$

$K(\lambda)$ 值表示在某一波长上每一瓦光功率可产生多少流明的光通量。由于人眼对不同波长的光敏感程度不一样,$K(\lambda)$ 值在整个可见光谱区的每一个波长都是不一样的,在可见光谱的中部,波长为 555nm 左右达到最大值,用 K_m 来表示。

将 $K(\lambda)$ 值在波长 555nm 处归化为 1,得到函数 $V(\lambda)$,称之为光谱光视效率或视见函数,这个函数表示的是相对大小。

$$V(\lambda) = \frac{K(\lambda)}{K_m} \tag{2-38}$$

根据眼睛对强光和弱光的光谱响应特性的不同,将亮适应的视觉称为明视觉,将暗适应的视觉称为暗视觉。亮适应一般是指眼睛已适应在亮度为几个坎德拉每平方米以上的环境,这时起视觉作用的是锥体细胞;暗适应一般是指眼睛已适应在亮度为百分之几坎德拉每平方米以下的很低的亮度水平,由杆体细胞的作用来完成视觉过程。如果亮度介乎于明视觉与暗视觉所对应的亮度水平之间,视网膜中的锥体细胞和杆体细胞同时起作用,则称为介视觉。显然,明视觉的视场较小,一般规定为 2°,暗视觉的视场较大,一般应大于 4°。通常明视觉函数和暗视觉函数分别用 $V(x)$ 和 $V'(x)$ 来表示。

明暗视觉都有其标准视觉函数,根据已知的数据不断内插外推得到间距更小、精确度更高的视见函数表及曲线。而得到初始数据的方式往往包括三种,即逐级比较法、闪烁法、直接视亮度匹配法。目前,介于明视觉与暗视觉之间的介视觉还没有一个标准的函数和计算方法。实际上介视觉的情况在实际生活中随处可见,如车在夜间行驶、刚刚驶进隧道的车等,各研究者投身其中,有了一些计算方法,但是还暂时未经过大量的实践加以佐证。

3) 人眼对闪烁光的反应

当人眼接受光刺激后,不但有延时效应,而且有暂留现象。在眼睛接受光脉冲刺激之后,大约要经过 0.01s 才达到响应的最大值,其残留时间大约为 0.1s。如果是一个周期性的光刺激,当周期较长时,早先的刺激所残留的印象完全消失,则眼睛可看出黑暗的过程;若周期变短,在光被遮断的时间内残留的印象变暗,但未完全消失,感觉上变为一种闪烁感;周期进一步缩短,残留印象与初始感觉相近,闪烁感也随之消失。闪烁消失时对应的频率亮度称为临界频率。当周期光信号频率高于临界频率时,眼睛对周期变化光的感觉会变成恒定光。

2.2.2　光度学原理

1)光通量及发光强度

(1)光通量

通量是指在单位时间里通过一个面积的能量积,光通量是能够被人的视觉系统所感受到的那部分光辐射功率的大小的量度,单位是 lm(流明)。光通量中的光将看不见的红外线和紫外线排除在外,在数值上也并不等于看得见的那部分光辐射的功率值。光通量的大小可用下式来算出,

$$\Phi = K_m \int_\lambda \Phi_{e,\lambda} V(\lambda) \, \mathrm{d}\lambda \qquad (2\text{-}39)$$

$V(\lambda)$ 是标准的明视见函数,是定义在一定的光谱范围里面的,故积分只需在可见光谱范围之内进行;在可见光谱范围以外,$V(\lambda)$ 为零值,不管光辐射功率有多大,对光通量值的贡献均为零,即看不见。$\Phi_{e,\lambda}$ 是光辐射功率的光谱密集度,即在单位波长间隔内,光的实际功率。K_m 是一个转换常数,叫作最大光谱光视效能,数值为 683lm/W,意义是在人眼视觉系统最敏感的波长(555nm)上,每瓦光功率相应的流明数。一方面,由人眼对光辐射是否敏感的角度来看,光通量大小反映了某一个光源所发出的光辐射能引起人眼的光亮感觉的能力;另一方面,也可将光辐射引起视亮度感觉的能力当作光辐射的一种属性,光源发出可见光的效率称之为发光效率。

(2)发光强度

发光强度是指光源在某一方向上发出光通量能力的大小。发光强度 $I = \mathrm{d}\Phi/\mathrm{d}\Omega$,该式描述了指定方向上的一个很小的立体角元内所包含的光通量值,除以这个立体角元,得出的数值即是此光源在指定方向上的发光强度 I,单位为坎德拉(cd)。光源向各方向上发光的强度是不同的。除此之外,$\Phi = \int_\Omega I \mathrm{d}\Omega$ 表示了发光强度与光通量的关系。

2)光源的发光强度分布及其总光通量的计算

(1)发光强度

发光强度代表指定方向上很小的范围之内发光的强弱程度,在工业工程上,

通常使用平均球面发光强度 I_0，数值上等于这个光源的总光通量除以 4π。

光源在某个方向 θ 上的发光强度 I_θ，用一个箭头来表示，这个箭头的长短与 I_0 的大小成正比。各不同 θ 角上的箭头端点连接起来，就成为一条发光强度分布曲线。对于大多数实用的光源或灯具，只要画出光源或灯具在一个竖直平面上的一半，就能代表这个光源的分布情况，把这条曲线绕竖直的对称轴旋转一周，就能得到这个光源在整个空间的分布。已知空间分布之后，就可利用积分计算出光源所发出的总光通量。

$$\Phi = \int_0^{2\pi}\int_0^{\pi} I(\theta,\sigma)\sin\theta\mathrm{d}\theta\mathrm{d}\sigma \qquad (2\text{-}40)$$

实际求算时可以根据光源情况进行一些简化，主要的方法有球带系数法、卢素图法及等立体角法。三种方法各有优势及不足，不同的光源需要选择不同的计算方法，并需计算测量方法所引起的误差。

(2) 光量

光量 Q 是光通量与照射时间的乘积，单位是 lm · s。如果光通量在所考虑的照射时间内是恒定的，则 $Q = \Phi t$；如果在照射时间之内光通量不是恒定的，则光量等于光通量对时间的积分，即 $Q = \int\Phi(t)\mathrm{d}t$。将光通量的概念与功率类比，则与之相对的光量则与能量相当，不过光量与光通量都只讨论在可见光情况下的度量。光量 Q 对描述发光时间很短的闪光特别有用，例如能在短时间内发出很大光通量的照相机闪光灯等。

3) 照度及距离平方反比定律

照明程度的大小可以用照度来衡量，照度是落到某一面元上的光通量与这个面元面积之商。

$$E = \frac{\mathrm{d}\Phi}{\mathrm{d}A} \qquad (2\text{-}41)$$

由式(2-41)可知，照度等于投射到单位面积上的光通量，单位为勒克斯(lx)。用点光源和假想球面的方法，很容易导出距离平方反比定律。因为假定点光源的发光强度为 I(cd)，则它发出的总光通量等于 4π(lm)；而一个半径为 R 的球，总球面积为 $4\pi R^2$，所以点光源在距离 R 处所产生的照度 E 为：

$$E = \frac{I}{R^2} \qquad (2\text{-}42)$$

一个发光强度为 I 的点光源，在距离 R 处的平面上产生的照度，与该光源的发光强度成正比，与距离 R 成反比。

式(2-42)是被照平面与光线投射方向垂直的情形，当平面与光线投射方向

存在夹角 α 时,距离平方反比公式变为:

$$E = \frac{I}{R^2}\cos\alpha \tag{2-43}$$

4)亮度及郎伯定律

一个具有一定面积的光源除用发光强度来描述某一方向的发光能力外,还可以用每单位面积的发光强度即亮度(L)来比较不同光源的优劣。

$$L = \frac{\mathrm{d}I}{\mathrm{d}A} \tag{2-44}$$

其中面积是在观察方向上的投影面积,若面积与观察方向成 θ 角时,式(2-44)应变为 $L = \dfrac{\mathrm{d}I}{\mathrm{d}A\cos\theta}$。

如果有一个面积为 A 的均匀发光面,它在某一方向上的亮度为 L_θ,根据式(2-44)可知,它在这个方向上的发光强度 I_θ 应为:

$$I_\theta = L_\theta A\cos\theta \tag{2-45}$$

θ 为该发光面的法线与所指定的方向的夹角。假若这个面光源的亮度在各个方向上都相等,即亮度不依赖于 θ,则 L_θ 的下角标 θ 可以取消,L 为常数。当观察方向与面光源法线方向平行时,$I_0 = LA$,则 $I_\theta = I_0\cos\theta$,即为郎伯定律,表明一个亮度在各方向上的发光强度都相等的发光面,在某一方向等于这个面垂直方向上的发光强度 I_0 乘以方向角的余弦。

2.2.3 光谱学分析

1)颜色视觉

人的视觉系统对接收到的色刺激有混合的功能。混合方式是几种不同波长的光同时或依次快速进入人眼,并投射到视网膜上的同一区域。

色匹配就是调配一种颜色,使其与另外一个给定的颜色相一致(看起来没有差别)。三色原理是说任何一个颜色都能用线性无关的三个原色的适当比例相混合与之匹配。"线性无关"是指三原色中的任何一个都不能用其余两个混合而得到,这三个色是彼此独立的,故称之为原色。三原色的选择无硬性规定,一般选取光谱中的单色作为原色。用(R)、(G)、(B)分别代表三个原色的一个单位量,则 $C = R(R) + G(G) + B(B)$ 代表一次颜色试验的结果,R、G、B 代表三原色所用的量。令 $r = \dfrac{R}{R + G + B}$,$g = \dfrac{G}{R + G + B}$,$b = \dfrac{B}{R + G + B}$,$r + g + b = 1$,因此已知 r,g 就能确定一个颜色,简化了的 r、g 被称为色品坐标,以 r、g 为坐标轴建立坐标系,将试验所得的所有光谱色的(r,g)坐标转换为(x,y)坐标,就可得在新坐标系中的光谱轨迹图。用一个三角形将光谱轨迹包围起来,这个新三角形的顶点坐标为(X,Y,Z),用X,Y,Z对应的三种颜色的光配光谱色,色坐标将不会再出现负值。

用试验的方法,以(R)、(G)、(B)为三原色匹配等能光谱每一光谱色,可以得到每一波长的光谱色的一组R、G、B值,称这些值为等能光谱的刺激值,因为对每一光谱色都有三个数(在某些波长上只有两个数),故又称之为光谱三刺激值。

2)光源颜色

如果有一个光源是由两个波长、功率相等的单色光组成的,则这个光源的颜色可以用这两个波长上所对应的两组刺激值相加后得到。如果在这两个波长上功率不相等,则在相加之前分别乘上其相对光谱功率值。一个具有较复杂的光谱成分的光源,如果它的相对功率分布函数用$P(\lambda)$来表示,则这个光源的三刺激值可用式(2-46)来计算:

$$\begin{cases} X = \int_{380}^{780} P(\lambda)\bar{x}(\lambda)\,\mathrm{d}\lambda \\ Y = \int_{380}^{780} P(\lambda)\bar{y}(\lambda)\,\mathrm{d}\lambda \\ Z = \int_{380}^{780} P(\lambda)\bar{z}(\lambda)\,\mathrm{d}\lambda \end{cases} \qquad (2\text{-}46)$$

要想计算出一个光源的色坐标,需知道它的相对光谱功率分布$P(\lambda)$的值。而对于黑体光源来说,仅需要知道黑体温度,即可利用普朗克公式求出相对光谱功率分布$P(\lambda)$。

一个光源的色温值,是指这个光源所发出的光的颜色与某个温度的黑体所发出的光的颜色相同或最接近,则黑体的这个温度就定义为该光源的色温。对于非白炽灯光源,需找到这个光源的色坐标点到黑体轨迹的最近距离点,这个点对应的黑体温度就是光源的相关色温。

2.3　半导体固态照明技术

2.3.1　LED 的基本原理

1)半导体的理论知识

半导体是一种可以通过引入杂质(称为掺杂剂)来调节其导电性的材料。

无机半导体是具有电子能带的晶体,如 Si、GaAs、InP、GaN。对于未掺杂半导体而言,占据的最高能带称为价带,充满电子,而能量较高的下一个能带称为导带,在未掺杂半导体中完全为空,如图 2-9 所示。导带的最小值和价带的最大值之间的能量差称为半导体的带隙。半导体中的发光过程非常简单:当有电子在导带和价带中的空态(即缺少电子,称为空穴)中时,导带电子可以松弛,以填充价带中的空态,能量差(即带隙)作为发射光子释放。换句话说,电子和空穴重新组合以发射光子。这一过程发生在大多数半导体中,但有一些明显的例外情况,如硅或锗的间接半导体,不允许直接进行光子发射过程,因此效率极低。因此,要制造半导体 LED,就需要在材料中的同一位置引入导带中的电子和价带中的空穴。这就是掺杂剂重要之处。虽然本征半导体本质上是绝缘体(价带中的电子根本不能移动,因为没有自由态允许任何电子移动),但半导体可以通过两种方式掺杂。当杂质以每个原子一个额外的电子引入晶体时,这些额外的电子最终进入导带。例如,在 GaAs 晶体中,用 Si 原子取代一些 Ga 原子,将导致 n 型掺杂,即导带中存在电子;相反,可以添加缺少电子的杂质,导致 p 型掺杂,即价带中存在空穴。重要的一点是,掺杂剂是晶体中的少数原子,一百万个规则原子中的一个掺杂原子足以产生大的导电性。

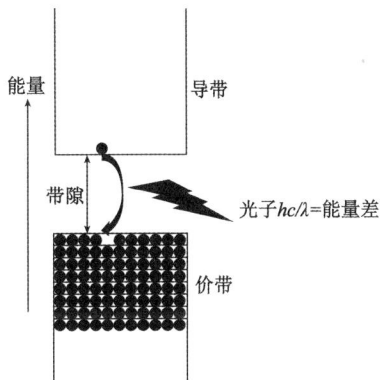

图 2-9 半导体能带结构示意图

垂直标度是电子的能量标度。对于本征半导体,价带的所有能级都被电子占据,而导带则没有电子。在这种情况下,导电性是不可能的(价带中的电子被冻结,因为它没有其他状态可移动)。价带最大值和导带最小值之间的能量差称为半导体材料的带隙。当导带中有电子时,导电就成为可能。当一些电子在价带(所谓的空穴)中丢失时,情况也是如此。最后,当导带电子和价带空穴位于半导体中的同一位置时,它们可以重新组合(即电子离开导带填充价带空穴)并发射光子,其能量(因此波长)与材料的带隙相对应。

2)LED 的工作原理

对于 LED,从半导体结构发光的基本结构是在同一材料中堆叠 N 型(导带中的电子)和 P 型(价带中的空穴,即缺少电子)材料可知,在偏压下,电子和空穴(当一个空穴在价带中向左移动时,沿着相反的方向流动,价带中的所有电子实际上都向右移动)在 P-N 结处相遇并重新组合以发射光子,如图 2-10 所示。

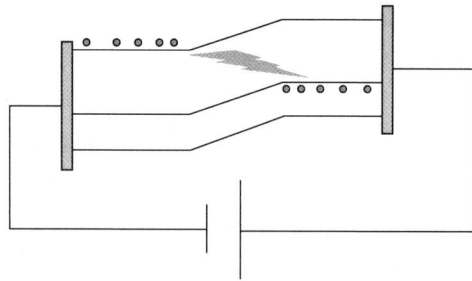

图 2-10　半导体结示意图

图 2-10 左边的半导体是 N 掺杂的,即在导带中有额外的电子,而右边的半导体是 P 掺杂的,即它的价带上有空穴。当按指示施加偏置时,电子可以从左向右流动(意味着空穴实际上从右向左移动),因此电子和空穴可以重新组合,从而在半导体的固有区域发射光子。这是半导体发光二极管的原理。

简单地说,P 型和 N 型半导体是通过在本征半导体的两侧进行不同的掺杂制成的。P 型半导体中的空穴是多数载流子,N 型半导体中的电子是多数载流子。由于浓度不同,这两种载流子会自发扩散到彼此的区域。由于空穴带正电,电子带负电,两种载流子会在界面复合,在界面两侧形成空间电荷区,电场方向从 N 到 P,即形成如图 2-11 所示的 PN 节。这种内部电场的形成阻碍了多数载流子的扩散运动,因此确定了一定温度下 PN 节的尺度。

当在 PN 节(P 型半导体接电源正极,N 型半导体接电源负极)施加正电压时,外部电场和内部电场共同作用,整体作用是减弱内部电场,使空穴和电子扩散到其他区域,形成稳定的电流。此时,当处于高能态的电子和空穴复合时,多余的能量以光的形式释放出来,从而直接将电能转化为光能,其示意图见图 2-12。当然,发光二极管的 PN 段加了反向电压(P 型半导体接电源负极,N 型半导体接电源正极)。由于内部电场加强,进一步阻止了多数载流子的扩散运动,电路无法导通,使它不能发光。

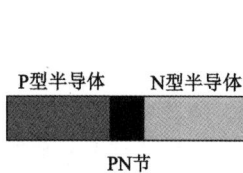

图 2-11　PN 节示意图

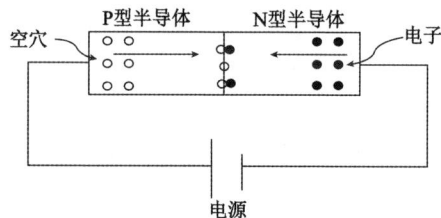

图 2-12　发光二极管工作原理图

值得注意的是,并不是所有的半导体材料都可以用来制作发光二极管。目前比较常用的是 GaP(磷化镓)、GaAsP(磷砷化镓)等。

3）蓝色 InGaN/GaN LED

蓝色 InGaN/GaN LED(简称"蓝色 LED")在降低生产成本的同时继续提高效率,简单的 InGaN/GaN LED 基本原理见图 2-13。通过使用磷光体包围蓝色 LED 获得白色 LED,磷光体部分吸收蓝色并以更长波长重新发光,剩余蓝色和磷光体发射的混合产生白光。其质量取决于所使用的磷光体。

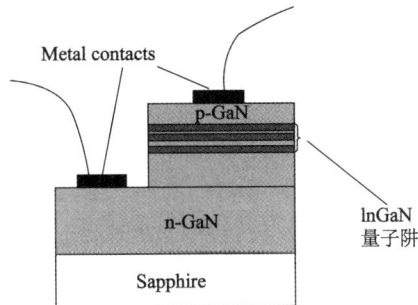

图 2-13　InGaN/GaN LED 的基本原理图

图 2-13 所示半导体材料生长在蓝宝石衬底上。InGaN 量子阱生长在 PN 结的 N 掺杂和 P 掺杂部分之间。通过选择 InGaN 三元合金的成分以及量子阱的厚度(几纳米),可以设计 LED 的发射波长。然后对半导体进行蚀刻,以便在 PN 结的 n 掺杂部分上沉积金属触点。现实生活中的高效 LED 基于这一原理,但其设计要复杂得多,尤其是为了提高光子提取效率。

2.3.2　LED 在公路隧道中的应用

1）灯具选择

选择节能性更好的先进光源种类,是照明系统节能建设的第一个重要环节。LED 光源是国内外公认的下一代节能光源。与传统的钠灯、汞灯等传统隧道照明光源相比,LED 光源除节能性更好(光效更高)之外,还具有很多优势。表 2-5 给出 LED 和传统隧道光源的性能和评价对比。

LED 和传统隧道光源的性能和评价对比　　　　　　　　　　表 2-5

类型	LED 灯	高压钠灯	高压汞灯	低压钠灯
整灯光效(lm/W)	60 ~ 130	40 ~ 80	20 ~ 50	70 ~ 150
显色指数	>75	20 ~ 30	20 ~ 50	负值
寿命(kh)	30 ~ 60	2 ~ 6	1 ~ 5	5 ~ 20
环保性	好	差	差	差
光强可调性	好	差	差	差
市场认可度	好	好	差	差

　　LED 光源的初始一次性投资成本比传统光源高,但从照明系统整体服役周期来看(随着 LED 的技术日趋成熟,成本将会逐步降低),LED 在运营期内节省的能源费用远大于与传统灯具的一次性投资差价,整体性价比更高。因此,建议在公路隧道照明系统中使用 LED 光源。

　　2)灯具指标

　　隧道照明具有特殊性。与路段相比,其工作环境更加恶劣,汽车排放废气的污染、汽车行驶中造成的震动、隧道自身的半封闭性、风机等大型设备频繁开关造成的电网不稳定性、每天 24h 连续工作等,都对照明灯具的性能提出了更高要求。必须在保证隧道照明性能的基础上进行节能。隧道照明光源的指标应符合以下要求:

　　(1)基本要求

　　①应具有国家或行业权威部门出具的灯具照度检测报告。

　　②应具有国家或行业权威部门出具的 IP 防护等级检测报告。

　　③应具有国家或行业权威部门出具的灯具环境温度适应性检测报告。

　　④应具有国家或行业权威部门出具的配光曲线检测报告。

　　⑤用于应急照明的灯具应具有满足《消防应急灯具》(GB 17945—2000)相关要求。

　　(2)节能指标

　　光效(lm/W):1 级,≥90;2 级,[70,90);3 级,[50,70)。光效是灯具节能性的核心指标,应尽可能选用高光效(1 级)灯具。

　　(3)其他指标

　　①显色指数:≥65。显色指数是灯具视觉舒适性的核心指标,基本照明部分应尽可能选用高显色指数的灯具。

　　②寿命(h):1 级,≥50000;2 级,≥40000;3 级,≥30000。寿命是描述灯具耐久性的指标,与隧道照明系统维护成本密切相关。

　　③光衰:亮灯 6000h 地面照度衰减值≤4%,亮灯 10000h 地面照度衰减值≤7%。该指标影响灯具使用寿命,当光衰超过 30% 时,则意味着该灯具已失去照明功能。

　　④色温:3000～6500K。推荐在出入口段采用能形成约 5000K 色温的灯具组合,中间段采用能形成约 3600K 色温的灯具组合。

　　3)灯具设置

　　(1)配光方式

　　①为满足对路面的亮度、照度、均匀度的要求,且尽可能使得大部分光分布

在道路面上,以提高灯光的利用率,减少浪费,隧道照明系统建设时应对灯具进行配光。

②建议在隧道中优先选择逆光照明配光方式,尽量避免常规的对称照明配光方式。

隧道照明主要有三种配光方式:横向对称、纵向对称、逆光照明。横向对称照明方式下,光线沿着道路的横断面方向入射,灯具配光对称;纵向对称照明方式下,光线沿着道路纵断面方向入射,灯具配光对称;逆光照明方式下,光线沿着道路纵断面车辆行驶反方向入射,灯具配光不对称。逆光照明可使光束集中投向机动车行驶的方向,以此提高路面物体的背景亮度,便于驾驶员辨识,提高了行驶的安全性。研究表明,在相同照明环境下,逆光照明产生的路面平均照度远比横向对称照明和纵向对称照明要高。

(2)布灯方式

①灯具的布置方式影响照明系统的照明效率。隧道布灯方案设计总的原则是在尽可能节能的条件下达到最好的照明效果。

②为提高照明节能性,常规隧道建议优选中线布置(或中线偏侧布置)的布灯方式。

隧道照明常用的布灯方式包括中线布置、两侧交错布置、两侧对称布置等三种。《公路隧道照明设计细则》(JTG/T D70/2-01—2014)指出,中线布置比两侧布置能量利用效率高,两侧交错布置比两侧对称布置能量利用效率高。

③制定基本布灯方式后,还需设置灯具间距、安装倾角和安装高度等布灯参数。在条件允许时应进行数学建模仿真来获得理论上最优的布灯参数;在条件不允许时,可采用试验尝试获得相对合理的布灯参数。

4)灯具控制

(1)控制原理

当终端灯具为 LED 灯具时,可以通过专门设计的控制模块来进一步大幅度节能。LED 灯具的一个重要优势是可以进行实时、快速的亮度控制,灯具控制通过专用供电来实现,宜采用放射式和树干式相结合的供电方式,并采用智能化的动态调光灯具,提高 LED 照明系统的节能效果。动态调光技术布线图如图 2-14 所示。

(2)照明系统要求

①上述设计主要针对 LED 节能照明灯具制定,这是因为传统的钠灯类灯具控制难度很大,因此不建议使用钠灯终端。如因条件受限必须使用钠灯时,可酌情选择稳压调压控制节能技术和洞外亮度自动控制(开/关)支路电源技术实现对钠灯的节能控制。

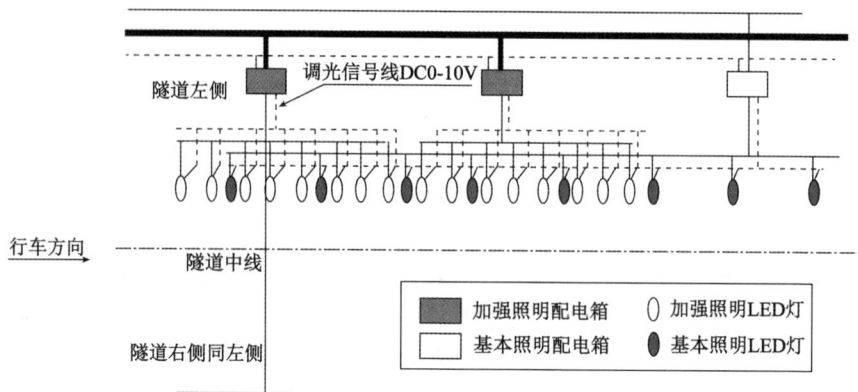

图 2-14　动态调光技术布线图

②系统应采用自适应无级动态调光控制节能技术,利用短时交通流预测理论在自动控制方式的基础上实现隧道内照明动态调光、"按需照明"的经济、高效照明效果。

③系统应能够以智能、自动、遥控和手动的方式执行命令,能够实现正常和异常交通工况的控制功能。自动控制模式时,能够根据时间、亮度设定的多种模式进行调试和控制,实现内置时控和洞外亮度控制模式,参数配置可由具有操作权限的操作员重新设置;智能控制模式能够依据洞外亮度、车速、洞内环境等参数,利用短时交通流预测理论,实现隧道内照明设施动态无级调光,达到安全、舒适、高效、经济的照明节能效果。

④系统应具有应急能力。隧道一旦发生火灾,控制系统接收到火灾报警系统(FAS)火灾报警信号,应联动控制隧道内所有基本照明灯具100%光输出。同时,控制系统如发生故障,故障区域内的隧道照明灯具应100%光输出。

⑤系统应具有记忆功能和故障信息保存功能,当电源断电恢复时应能自动进入断电前的设置,同时保证系统断电后再启动时间不超过0.1s。

⑥系统应能够灵活地以数据、图形等方式显示隧道内照明系统运行情况、控制模式。同时能够自动完成数据存储、备份、统计、节能审计和方便进行查询、形成报表等。

⑦系统应具有较好的可扩展性,可实现与其他监控系统的统一接口,可进行远程软件升级。

5）公路隧道环境

（1）隧道光学环境由光源、灯具、隧道墙壁和隧道路面4部分组成。光学环境配置的合理水平对隧道照明系统节能和照明效果有着重要影响，隧道墙壁和路面的材质、颜色、光反射率直接影响光学环境。

（2）对于墙壁而言，从照明节能角度出发，应优先选择白色系或黄色系瓷砖或涂料，尽量避免灰色系瓷砖或涂料。

（3）对于路面而言，通常情况下纯度较高的沥青路面比沥青混合料路面的光学反射率更高，纯度较高的水泥路面比混凝土路面的光学反射率更高，从照明节能角度出发，应尽可能选择纯度较高的沥青基或水泥基路面。

6）分段设计

（1）光强的分段设计

《公路隧道照明设计细则》（JTG/T D70/2-01—2014）指出：隧道照明应采用光强分段设计，以防止进入隧道时的黑洞效应和离开隧道时的眩光效应。分段设计不仅能提升照明的效果，还能避免不必要的照明能耗开支，提升照明系统的节能性，具体参照《公路隧道照明设计细则》（JTG/T D70/2-01—2014）执行。

（2）色温的分段设计

隧道出入口段的照明系统，应使照明环境整体色温在5700K左右；中间基本段的照明系统，应使照明环境整体色温在4200K左右。在无法实现一致的整体环境色温时，应以路面反光的色温为主。

隧道中间段相对封闭，汽车废气和灰尘不容易及时排散，在这种情况下低色温光具有更好的穿透性。此外，近年来的研究表明，光源的色温能对驾驶员产生非视觉生理效应。不合适的照明色温容易导致驾驶人员中枢神经麻痹，降低对瞬态事件的反应速度，从而形成安全隐患。利用LED节能光源光谱可调的优点，可以定制不同隧道段的色温，获得更好的照明效果。

LED属于点光源，在应用于公路隧道照明时容易由于中心亮度集中产生眩光现象，为了实现照明的均匀性并提高光线的利用率，可以对其进行二次光学设计，通常用配光曲线来表示光强的空间分布，配光曲线将直接表征灯具照明的照度分布。若配光曲线中心或侧边光强较大，则将产生光斑或者路面光照太弱，也可能会出现眩光现象；若配光曲线的展开角较小会在路面上形成斑马效应，直接影响行车的安全性。隧道LED灯配光曲线如图2-15所示。

公路隧道中不同照明段对照明有不同的要求，由于入口段和出口段的照度标准由外部光线的变化计算得出，通常需要照明控制系统进行智能控制，这两段对灯具的光型要求较低，通常灯具排列密集，保证了光照要求，也可以保证路面光照的均匀性。而根据《公路隧道照明设计细则》(JTG/T D70/2-01—2014),中间段照明有固定的标准,对灯具光型要求较高,因此仅取隧道中间段100m作为照明段进行模拟,模拟隧道长100m、宽10m、高7m。灯具的安装高度为6m。根据《公路隧道照明设计细则》(JTG/T D70/2-01—2014),此公路隧道内照明设计至少需要满足以下条件:

①隧道两侧墙面2m高的范围内墙面材料的反射率要不小于0.7。

②路面亮度均匀度 = 路面最小亮度/平均亮度,要不小于0.4。

③灯具闪烁频率低于2.5Hz或高于15Hz,假设限速车速限制为100km/h,计算得出灯具间距小于1.8m或大于11.1m。

④由于中间段的亮度要求大于9cd/m²,由平均亮度和平均照度的换算关系可得,沥青路面的平均照度大于198lx,水泥或混凝土路面的平均照度大于117lx。

⑤不考虑连续隧道效应。

⑥不考虑灯具调光。

⑦不考虑接近段照明。

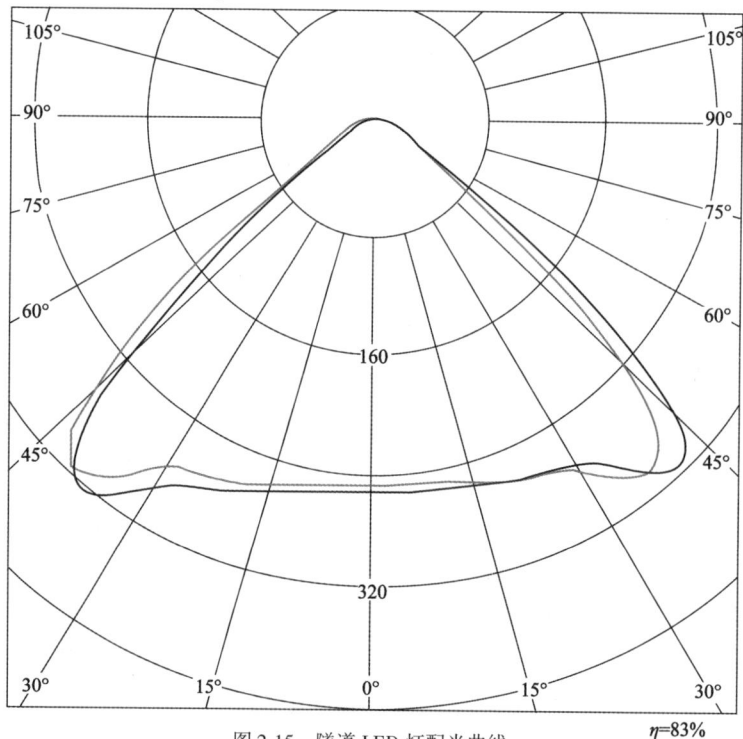

图2-15 隧道LED灯配光曲线

2.4　等离子体照明技术

等离子体照明技术是在能源照明领域中崛起的新型照明技术,等离子照明灯具主要包括钠灯、汞灯等。近些年来,如无极灯、LEP 灯等一些新型的等离子照明灯具不断被研制成功,但是由于其性能与应用上的一些缺陷,目前还没有成为主流灯具。

2.4.1　LEP 灯

等离子 LEP 照明光源是世界公认的绿色环保光源,具有高节能、长寿命、高显色指数、高品质、无光污染等优点,在全球面临资源紧张问题的大环境下,备受人们关注。随着人们生活水平的提高,人们对于日常起居用品的要求也越来越高,对照明产品也提出了更高的要求,随着产品技术的进步,LEP 光源有望取代传统光源并受到普及,由此不仅能够节约电能,也能够大幅度降低环境污染与资源浪费。

LEP 光源组件包括石英灯泡、微波谐振腔、热沉、RF 驱动器❶及放大器和电源。石英灯泡泡壳中的气相混合物包括氙气、稀土以及有利于气化这些物质的少量水银。灯泡密封后,与陶瓷介电材料制成的圆盘构成谐振腔。2.4GHz 的微波由 RF 驱动器通过同轴电缆导入,在腔体内形成场强。场强将大量能量传递给灯泡内的气体物,使其迅速电离,同时电离产生的等离子体在壳体内循环产生感应电场,使得灯泡底部金属卤化物蒸发。灯泡内的电离气体与金属卤化物的等离子体混合物产生分子辐射,从而发出连续的可见光。

在隧道照明中,LEP 光源由于显色性好,光线照射到路面均匀性好,使得驾驶员具有舒适的视觉感受和对交通有较好的识别度,在一些场合中被用于加强照明段。除此之外,LEP 照明还包括以下几个优点:

(1)节能:LEP 灯的高光源效率和应用效率是节能的主要原因。其光源效率高于传统 HID 灯 15% ~20%。光源效率较高的主要原因是 LEP 灯具为定向点光源,避免了灯具内部的反射产生的损耗。

(2)可靠性:LEP 消除了传统光源的各种失效和光衰问题。在长时间工作条件下,LEP 的灯泡也不会出现电极失效和灯具内壁变黑的问题。独特的固态射频谐振腔设计能确保光源能够长时间、持续的工作。同时,LEP 的光源亮度

---

❶　RF 驱动器,即射频驱动器,可输出高稳定和高精度的固定射频信号。

高,增加了照明系统的可靠性。

(3)高光线质量:LEP 光源为全光谱白光光源,且其自然光可以提高可视性和色彩现实性,有利于驾驶员安全驾驶。

(4)控制精准:可控 RF 驱动器和光源发射器使得 LEP 灯具可以在几秒钟内通过模拟调光至需要亮度的 20%。配合感应开关、调光器等设备,可以进一步降低运行成本。

2.4.2 无极灯

无极灯是一种磁能灯,它代表了照明技术长寿命、高光效、高显色性的未来发展方向,是综合运用功率电子学、应用光学、等离子体学、磁性材料学等领域最新成果研发而成的高新技术产品。但无极灯还处于研发的初级阶段,无法在市场上进行广泛的应用。

无极灯具有以下优点:

(1)节能:无极灯采用有源功率因数校正(APFC)电路,功率因数高达 0.99,在线路中几乎无功率损耗。同时,其光源效率远远超出传统的白炽灯、荧光灯等。

(2)长寿命:无极灯没有灯丝电极,灯管使用硬性玻璃,所以不会产生振动对照明的影响,同时也不存在灯丝烧断以及电子粉发射后电极发黑的现象。无极灯的寿命可以达到 10 万 h 以上。高寿命减少了维护工作的工作量,给隧道照明、航标信号照明灯维护工作难度较大的照明场所带来极大便利。

(3)无闪烁:无极灯的工作频率在 2.2M ~ 3.0MHz,采用有源功率校正电路,所以其灯光无闪烁,可以有效保护视力,同时便于灯光下观察物体。

(4)绿色环保:无极灯的灯具内部使用固体汞齐,灯具损坏后对环境几乎无影响,是一种真正意义上的环保光源。

(5)高显色性:无极灯采用三基色荧光粉,灯光显色指数 Ra 为 80 ~ 85,是目前显色性最好的光源之一。同时,无极灯显色稳定,消除了气体放电灯的缺点,发出的光线中可见光比例占 80%,视觉效果好。

但是无极灯当前主要面临技术不成熟、对周围环境有电磁干扰、制造成本较高,以及更换灯具只能整体更换等问题,无法在实际生活中得到大范围的使用。

2.4.3 等离子体照明技术光谱学分析

在隧道照明研究中,光源的色温和光谱分布是一个不可忽略的重要因素。

而目前的隧道照明设计规范和标准都只考虑隧道路面的亮度或者照度水平,其结果必然导致不能科学地评价隧道照明光源和照明水平,造成能源的浪费和交通安全问题。光源对颜色的影响主要是它的光谱功率分布特性,将光源的光谱密度与波长之间的关系用函数表示时,称此函数为光谱功率分布。光谱功率分布既是灯具本身光色的决定因素,又是它照明下观察物体时,影响颜色的重要因素之一。光源的光谱辐射能量分布决定了光源的色温与显色性。可见,对灯具进行光谱学的实验室测试是对其光学性能进行分析的基础物理学依据。

依据基础光谱,可以通过计算得到灯具的显色指数。光源对物体颜色呈现的程度称为显色性,即颜色的逼真程度。显色性高的光源对颜色的再现较好,我们所看到的颜色较接近自然原色;显色性低的光源对颜色的再现较差,我们所看到的颜色偏差也较大。原则上,人造光线应与自然光线相同,使人的肉眼能正确辨别事物的颜色,当然,这要根据照明的位置和目的而定。光源对于物体颜色呈现的程度称为显色性。显色指数的确定,是将 DIN6169 标准(彩色还原)中定义的 8 种测试颜色在标准光源和被测试光源下做比较,色差越小则表明被测光源颜色的显色性越好。显色指数值为 100 的光源表示,事物在其灯光下显示出来的颜色与在标准光源下一致。

根据光谱数据计算显色指数的方法如下:

(1)计算色坐标。

①根据待测光源的光谱分布 $S_k(\lambda)$,通过式(2-47)计算待测光源的色度坐标 (x_k, y_k);

$$\begin{cases} x_k = \dfrac{\int S_k(\lambda)X(\lambda)\,d\lambda}{\int S_k(\lambda)X(\lambda)\,d\lambda + \int S_k(\lambda)Y(\lambda)\,d\lambda + \int S_k(\lambda)Z(\lambda)\,d\lambda} \\[3mm] y_k = \dfrac{\int S_k(\lambda)Y(\lambda)\,d\lambda}{\int S_k(\lambda)X(\lambda)\,d\lambda + \int S_k(\lambda)Y(\lambda)\,d\lambda + \int S_k(\lambda)Z(\lambda)\,d\lambda} \\[3mm] z_k = \dfrac{\int S_k(\lambda)Z(\lambda)\,d\lambda}{\int S_k(\lambda)X(\lambda)\,d\lambda + \int S_k(\lambda)Y(\lambda)\,d\lambda + \int S_k(\lambda)Z(\lambda)\,d\lambda} \end{cases} \qquad (2\text{-}47)$$

式中: $X(\lambda)$、$Y(\lambda)$、$Z(\lambda)$——三刺激函数。

$$
\begin{cases}
x_{k,i} = \dfrac{\int S_k(\lambda)X(\lambda)\beta(\lambda)\,d\lambda}{\int S_k(\lambda)X(\lambda)\beta(\lambda)\,d\lambda + \int S_k(\lambda)Y(\lambda)\beta(\lambda)\,d\lambda + \int S_k(\lambda)Z(\lambda)\beta(\lambda)\,d\lambda} \\[4mm]
Y_{k,i} = \dfrac{\int S_k(\lambda)Y(\lambda)\beta(\lambda)\,d\lambda}{\int S_k(\lambda)X(\lambda)\beta(\lambda)\,d\lambda + \int S_k(\lambda)Y(\lambda)\beta(\lambda)\,d\lambda + \int S_k(\lambda)Z(\lambda)\beta(\lambda)\,d\lambda} \\[4mm]
z_{k,i} = \dfrac{\int S_k(\lambda)Z(\lambda)\beta(\lambda)\,d\lambda}{\int S_k(\lambda)X(\lambda)\beta(\lambda)\,d\lambda + \int S_k(\lambda)Y(\lambda)\beta(\lambda)\,d\lambda + \int S_k(\lambda)Z(\lambda)\beta(\lambda)\,d\lambda}
\end{cases}
$$

$$(2\text{-}48)$$

②由于1931CIE色度图不适用于通过色度移动区分颜色,所以将其换为1960CIE坐标,通过式(2-49)计算出色坐标(u_k,v_k);

③由待测光源的光谱分布和1-8试验色的光谱辐射亮度因数$\beta(\lambda)$,计算待测光源下$1\sim8$号试验色的色度坐标$(x_{k,i},y_{k,i})$,并根据式(2-49)求相应$(u_{k,i},v_{k,i})$。

$$
\begin{cases}
u = \dfrac{4x}{12y - 2x + 3} \\[3mm]
v = \dfrac{6y}{12y - 2x + 3}
\end{cases}
$$

$$(2\text{-}49)$$

(2)计算相关色温T_c。

通过色坐标,计算色温,公式为:

$$T_c = -437n^3 + 3601n^2 - 6861n + 5514.31 \tag{2-50}$$

式中,$n = (x_k - 0.3320)/(y_k - 0.1858)$。

用该近似式计算产生的误差,在实用上已达到忽略不计的程度。

(3)计算参照照明体的色坐标(u_r,v_r)和$U_{r,i}^*$、$V_{r,i}^*$、$W_{r,i}^*$值。

①根据T_c选择参照照明体($T_c < 5000\text{K}$时,采用普朗克黑体辐射源为参照照明体;$T_c \geqslant 5000\text{K}$,选择标准照明体D为参照照明体);

②对于每个确定的T_c,都有唯一的(u_r,v_r)和$U_{r,i}^*$、$V_{r,i}^*$、$W_{r,i}^*$与之对应。沃尔特斯(Walters W)建立了经验公式,用于拟合它们之间的关系:$f = a + bm + cm^2$;$m = 104/T$。其中,f为参照照明体的(u_r,v_r)及相应的$U_{r,i}^*$、$V_{r,i}^*$、$W_{r,i}^*$;T为参照照明体的色温,可以用T_c代替;a、b、c为拟合系数,拟合时,可将温度范围由原来的$2500\sim5000\text{K}$和$5000\sim10000\text{K}$两段,细化为三段,以提高拟合精度。这样求出a、b、c,由表也可查出a、b、c的值。对于不同的T_c,求其相应(u_r,v_r)和$U_{r,i}^*$、$V_{r,i}^*$、

$W_{r,i}^{*}$值,可以用拟合式带入相应的 a、b、c 进行计算。

（4）计算显色指数 R_a。

①根据转换公式（2-51）,由待测光源色坐标(u_k,v_k),求 c_k、d_k;以及由待测光源下试验色的色坐标$(u_{k,i},v_{k,i})$,求 $c_{k,i}$,$d_{k,i}$,并由式（2-52）计算试验色的适应色位移$(u'_{k,i},v'_{k,i})$。

$$\begin{cases} c = \dfrac{4 - u - 10v}{v} \\ d = \dfrac{1.708v + 0.404 - 1.481u}{v} \end{cases} \tag{2-51}$$

$$\begin{cases} u'_{k,i} = \dfrac{10.872 + 0.404\dfrac{c_r}{c_k}c_{k,i} - 4\dfrac{d_r}{d_k}d_{k,i}}{16.518 + 1.481\dfrac{c_r}{c_k}c_{k,i} - \dfrac{d_r}{d_k}d_{k,i}} \\[4mm] v'_{k,i} = \dfrac{5.520}{16.518 + 1.481\dfrac{c_r}{c_k}c_{k,i} - \dfrac{d_r}{d_k}d_{k,i}} \end{cases} \tag{2-52}$$

②通过式（2-53）计算待测光源下试验色的 $U_{k,i}^{*}$、$V_{k,i}^{*}$、$W_{k,i}^{*}$。

$$\begin{cases} U_{k,i}^{*} = 13W_{k,i}^{*}(u'_{k,i} - u_r) \\ V_{k,i}^{*} = 13W_{k,i}^{*}(v'_{k,i} - v_r) \\ W_{k,i}^{*} = 25(Y_{k,i})^{\frac{1}{3}} - 17 \end{cases} \tag{2-53}$$

③通过式（2-54）求 $U_{r,i}^{*}$、$V_{r,i}^{*}$、$W_{r,i}^{*}$ 与 $U_{k,i}^{*}$、$V_{k,i}^{*}$、$W_{k,i}^{*}$ 的色差 ΔE_i。

$$\Delta E_i = \sqrt{(U_{k,i}^{*} - U_{r,i}^{*})^2 + (W_{k,i}^{*} - W_{r,i}^{*})^2 + (V_{k,i}^{*} - V_{ri}^{*})^2} \tag{2-54}$$

④根据式（2-55）和式（2-56）,由 ΔE_i 得到特殊显色指数 R_i 和一般显色指数 R_a。

$$R_i = 100 - 4.6\Delta E_i \tag{2-55}$$

$$R_a = \frac{1}{8}\sum_{i=1}^{8}R_i \tag{2-56}$$

2.5　多类型光源协同技术

近年来人体生理学的研究进展表明,交通照明光源光谱对驾驶员的神经反应速度和注意力会产生明显影响,合理的照明光谱可以有效提高驾驶安全性。

这使从光谱学角度进行交通照明光源研制具有前瞻性的意义。

从光谱学角度出发,研究了公路隧道新型节能灯具 LED、LEP、无极灯和常规高压钠灯的光谱和色温特性。将新一代节能光源 LED 应用于隧道照明体系,基于 LED 的高可调性,研究了隧道光路与光源自适应分布技术,获得了高效的 LED 灯具控制调节方案,实现了公路隧道中照明方案优化。研究了照明光源对人体非视觉生理功能的作用机制,在此基础上研究了不同灯具构成的多类型光源协同技术,提出了过渡段和基本段中不同的照明光源色温方案。结合 LED、LEP、无极灯和高压钠灯四类不同的照明技术,研究了一种多类型光源结合的新型公路隧道照明系统方案,在照明效果、能耗、建设成本的综合性能上具有优势。该系统方案的创新点是利用了 LED、LEP、无极灯和高压钠灯这四种各有特色的照明技术,设计得到高效的综合照明系统。

多类型光源协同,可以有效改变照明系统提供的光谱和色温。近年来国内外对光源色温对隧道及道路照明视觉功效影响进行了研究。由于人造光源在发光原理和光谱辐射方面的差异,从而形成相应的色温,不同的色温可对人体的生理功能、心理平衡、脑力活动及体力负荷等产生一定的影响。2002 年,美国布朗大学的 David Berson 教授在人眼视网膜上发现了第三种感光细胞神经节细胞,本征感光视网膜神经节细胞(ipRGC),这些细胞具有与普通的视觉效应不同的光谱响应和生物特性;这类感光细胞能参与调节许多人体光生物效应,包括人体生命体征的变化、激素的分泌和兴奋程度。这一发现打破了人们以往对于眼睛仅是视觉器官的观念,人们开始逐步了解光参与调节和控制很多人体生化反应背后的机制。光对人体非视觉通道的发现,不仅给照明科学提供了新的研究内容,同时也对照明科学的研究方法提出了新要求。这一报道发表在 *Science* 期刊上,引发了学术界对人体非视觉生理效应的研究热潮。Sato 等学者提出照明光源对人体非视觉生理功能作用的理念,明确指出光源对人体生理功能的影响存在视觉效应和非视觉效应两大类型。2005 年日本九州大学的 Yasu Kouchi 教授发表了更深入的研究报道,从神经通路角度指出光源光谱色温对人体中枢神经系统和脑部反应速度有着重要影响。Yasu Kouchi 等人对此进行了更深入的研究,他们认为来自视网膜的光信号传播至大脑皮层时有两条主要的神经通路,一条为经过内膝状体联结视觉皮层,从而形成影像的视觉功能;另一条经过视交叉上核联结松果体,它负责传送非视觉信息。由非视觉通路的 SCN(Suprachiasmatic nuclei)通过腹外侧核投射至中央前脑神经丛和网状结构。SCN 和 PVN(Paraventrlcular nucleus)分别与生物节律及内分泌相关,MFB(Medial Forebrain bundle)和 RF(Reticular Formation)则与情绪和大脑觉醒水平相关。研究中还特别指出光源色温对人体中枢神经的影响,在对人体脑电图和 CNV(大脑皮层高级神经活动的诱发电位)的试验中发现,高色温光源能提高大脑的兴奋程度,集中注意、警觉和觉醒水平,使大脑处于活跃状态;低色温光源则有利于褪黑激素的分泌,促使大脑进入睡眠状态。得出光源色温对人体的昼夜节律、皮层的觉醒水平、自主神经张力、激素分泌和运动功能有明显影响的结论。近几年的研究成果表明,光源的色温及光谱能量分布(SPD)对视觉功效与光生物效应均有直接影响。若光源色温选择适当,可使人的中枢神经和自主神经系统功能得到平衡,使紧张的神经得以松弛;反之,则可能导致中枢神经系统功能失调,甚至扰乱身体的自然平衡。陈仲林对道路照明设计中光谱光效的研究表明:在中间视觉条件下,光源的发光效率不仅与光源的光谱分布有关,而且还与人眼的适应水平等有关。当光源辐射光谱中含有较多短波辐射光时,其发光效率会随人眼适应水平下降而上升(如金属卤化物灯);有些光源的发光效率随人眼适应水平下降而下降,如低压钠灯的暗视觉的发光效率仅为明视觉时的五分之一左右。这种光源发光效率随人眼适应水平变化的影响在道路照明设计中不可忽略。有关中间视觉时颜色光等效亮度的研究认为:在进行道路照明设计时,必须考虑亮度相同但光色不同的刺激会产生视觉感觉不相同的现象,并采用等效亮度进行变换处理。

长隧道照明亮度水平属于中间视觉范围,而世界各国的现行隧道及道路照明标准均是在明视觉条件下制定的,这与中间视觉效果差别很大。对长隧道照明效果进行针对性研究和探讨,具有重要的学术意义和使用价值。根据国外相关研究成果和中间视觉理论,在中间视觉条件下,光源色温对隧道照明视觉功效影响不可忽略,合适的色温对提高视觉功效、保障隧道及道路交通安全,具有重要的意义。在中间视觉条件下,高色温的光源可提高人大脑的兴奋程度,使注意力集中,从而增快对瞬态事件的反应速度。而低色温光源由于会促进褪黑激素的分泌,容易导致大脑反应迟钝,则降低对瞬态事件的反应速度。即光源色温对视觉功效存在明显影响,这一事实符合 Yasu Kouchi 等人提出的"人体非视觉生理功能作用"的理念及国外关于"光生物"方面的研究结论。在长隧道中,如果持续采用低色温的光源照明,将容易导致驾驶人员中枢神经的麻痹,降低对瞬态事件的反应速度,从而形成安全隐患。

隧道照明中出现的视觉现象不同于道路照明,其主要的问题不是在夜间照明中产生,而是出现在白天。在白天的日光状态下,隧道内外的亮度差别非常大,特别是在长隧道中,照明系统需要提供合适的亮度水平,以解决机动车驾驶员从亮环境进入暗环境,以及从隧道内的暗环境进入隧道外的亮环境时的视觉适应问题。设置照明的目的就是要保证机动车辆以某一速度接近、通过和离开隧道时,其在行驶中所感受到的安全性和舒适性应不低于在相连接的露天道路上行驶时的感觉。由于各种特殊视觉现象的存在,为了保证行驶车辆的安全,提高隧道路段的通行能力,隧道内必须安装照明设施,并通过合理的照明设计方案,来达到消除上述视觉问题的目的。

研究表明,不同光源的色温适用于隧道照明的不同区段,多光源配合可以使隧道照明的设计与实施更加符合人眼视看的实际情况,最终利于实现隧道照明的安全节能。

1)出入口段情况

当驾驶员接近隧道入口段时,由于白天隧道外的亮度相对于隧道内而言要高得多,如果隧道足够长,那么驾驶员将看到的是一个黑洞;如果入口隧道很短的话,则将出现一个黑框。当驾驶员离开隧道出口段时,在一个很暗的环境当中,如果前方出现一个很亮的出口,就会产生强烈眩光,使驾驶员看不清路面的情况。由于黑洞和眩光现象,人眼不能立即感知空间的详细情况,汽车由明亮的外部进入即使是不太暗的隧道以后,要经过一定时间才能够看清楚隧道内部的情况,即产生"适应的滞后现象"。这个适应时间的长短取决于亮度降低的量级。亮度差异越大,适应时间越长。这表示在一定的行车速度下,隧道内外亮度差异越大,驾驶员需要的视觉适应距离越长。同时,高色温光会抑制人体内褪黑素的分泌,提高机体的反应能力,影响人眼的瞳孔大小,这会直接影响驾驶员的反应时间,即对视觉功效产生影响。在此种情况下,可考虑以 LED 灯结合较高色温的无极灯甚至 LEP 灯照明,更有利于实现良好的综合照明效果。由于 LED 灯的输出光谱和具体产品有关,不同 LED 灯芯片的光谱往往差异很大,因此需要对隧道所使用的具体灯具进行光谱分析。不同倍数的 LED 灯与无极灯配合照明色温如表 2-6 所示,在实验室中经过光谱组合模拟并优化,参考国内外相关学术文献的研究结果,认为 3 倍 LED 灯结合 1 倍无极灯实现的多光源是一种较好的出入口照明光谱配比,这种方案的系统光输出色温为 5724K。

不同倍数的 LED 灯与无极灯配合照明色温 表 2-6

LED 灯	无 极 灯			
	0 倍	1 倍	2 倍	3 倍
0 倍	—	8773	8773	8773
1 倍	5425	6592	7120	7904
2 倍	5425	6239	6592	7298
3 倍	5425	5724	6048	6592

2）中间段情况

由于隧道中间段相对封闭的结构,机动车排出的废气和灰尘集聚在隧道里形成烟雾,隧道照明灯光和汽车前灯的灯光被这些烟雾吸收和散射,形成光幕,降低了前方物体与路面背景之间的亮度对比,影响驾驶员的可见度。在这种情况下,低色温光具有更好的穿透性,选择较低色温的 LED 灯结合钠灯照明,更有利于实现良好的综合照明效果。不同倍数的 LED 灯与钠灯配合照明色温如表 2-7 所示,在实验室中经过光谱组合模拟并优化,参考国内外相关学术文献的研究结果,认为选择 2 倍 LED 灯结合 1 倍钠灯实现的多光源是一种较好的中间段照明光谱配比,这种方案的系统光输出色温为 4175K。

不同倍数的 **LED** 灯与钠灯配合照明色温　　　　　　　　　表 2-7

LED 灯	钠　灯			
	0 倍	1 倍	2 倍	3 倍
0 倍	—	2086	2086	2086
1 倍	5425	3801	3277	2652
2 倍	5425	4175	3801	3259
3 倍	5425	4622	4238	3801

3 公路隧道节能控制技术

3.1 概　　述

公路隧道节能主要包括建设期和运营期两个阶段开展的节能工作,建设期节能工作主要强调施工节能方法以及新材料、新技术、新设备为运营期节能工作做好硬件支持;运营期节能工作首先强调的是科学管理,同时运用智能控制技术实现优化,在保障安全的前提下使隧道单位耗能最低。其中路段运行时期时隧道内的动态交通信息[交通事件信息、车辆运行状态信息、交通流特征以及隧道场地的气候条件(洞外亮度及风速等)]是智能控制的重要参数,实时捕捉这些数据并进行利用是智能控制实现节能的重中之重。这些智能控制主要包括自适应的照明节能控制、参数跟随变风量节能控制及特长隧道的照明与通风综合节能控制。

3.2 信息采集与处理

信息采集与处理在隧道运营的安全、节能运行中起着关键作用,其完整、准确、及时的信息提供是后续运营管理中科学决策、准确控制的前提。

3.2.1 信息采集

隧道后续运营管理及节能需要采集隧道建设完成后的静态信息和隧道运营期间的动态信息。静态信息主要指隧道土建结构特征(土建尺寸、路面材料、墙壁材料等)、隧道设施设备清单等,这些信息需要在后续运营节能管理系统中手动输入,作为系统计算的历史数据。隧道运营期间的动态信息主要指隧道机电设施设备的实时运行数据(照明、风机的运行电压、电流、功率、故障等)、交通信息(交通量、平均速度、车辆构成以及交通正常、阻塞、火灾或其他异常等)及隧道环境信息(空气质量、洞外亮度、洞内亮度、烟雾与 CO 浓度等)。

隧道运营期间的动态信息采集一般选择集散型数据采集结构,由现场分散的智能传感器或仪表完成物理信息转换后通过总线、无线等通信技术上传到集中器。集散型数据采集机构系统的主要特点：

(1)系统的适应能力强，不同规模都适应；

(2)系统可靠性高；

(3)系统的实时响应性好；

(4)对系统硬件的要求不高；

(5)数字信号传输，可靠性高。

3.2.2 信息预处理

信息的种类及采集形式各不相同，由于信息采集设备的精度及故障等方面原因，采集的信息不一定能直接用于控制需要。所以在信息进入控制设备之前需要对信息进行检索、排除错误数据，这样就需要对采集到的信息进行修复或提供代替数据，这个过程称为信息预处理。信息预处理主要包含异常数据和缺失数据处理。

1)异常数据和缺失数据处理方法

在隧道内采集的数据波动较大和精度不高的主要是车流量、车速信息，车流量信息采集异常数据处理和缺失数据处理方法：

(1)异常数据处理的方法主要有阈值法、交通流机理法、置信距离检测法、格拉布斯统计法、有序样本聚类算法等。其中阈值法和交通流机理法结合在交通流数据处理上是简单常用的方法，它能够依据交通流的实际情况判断采集来的数据是否合理。

(2)缺失数据处理的方法主要有历史均值法、车道比值法、时间序列法、自相关分析法、预测模型法等。历史均值法直接采用或者按照比例采用历史上相应时刻的值代替缺失数据，这种方法精度较低；车道比值法是根据历史统计的车道之间的流量比值，对缺失数据进行估计，结合历史统计规律和当前流量数据，精度比较高；时间数列法是把当前采集的交通变量看作时间序列，并结合历史数据对缺失的数据进行预测估计；自相关分析是以自相关系数测量时间序列中各元素之间相关关系的方法，再根据此相关关系填补缺失数据。

2)实时交通流预测模型

交通流量具有非平稳、随机、非线性等特性。如何预测及预测结果的好坏对隧道内照明、通风控制响应速度及精度非常重要，也将直接影响隧道运营管理控制的节能效果。在交通流预测模型方面采用基于无数学模型的预测方法较多，主要有混沌理论的短期预测、灰色分析法、神经网络法、模糊推理预测法、ANFIS

(Adaptive Neuro-Fuzzy Inference System),即自适应神经模糊推理系统,预测等。而 ANFIS 预测模型目前在交通流预测中应用最广,非常适合高速公路交通流的短时预测,它将模糊推理及神经网络二者的优点有机结合,弥补了模糊推理本身不具备自学习功能和人工神经网络不能很好表达人脑推理功能等缺陷。

（1）ANFIS

ANFIS 是模糊推理系统与神经网络控制的有机结合。ANFIS 采用反向传播算法和最小二乘法的混合算法调整前提参数和结论参数,并能自动产生"如果-则"规则,隐层神经元数目较少,网络结构清晰,网络学习参数较少,网络参数更具可解释性。ANFIS 由前件和后件构成(结构如图 3-1 所示),比如一个两输入 x 和 y、单输出 f 的系统,其规则有:

如果 x 为 A_1 且 y 为 B_1,则 $f_1 = p_1 x + q_1 y + r_1$

如果 x 为 A_2 且 y 为 B_2,则 $f_2 = p_2 x + q_2 y + r_2$

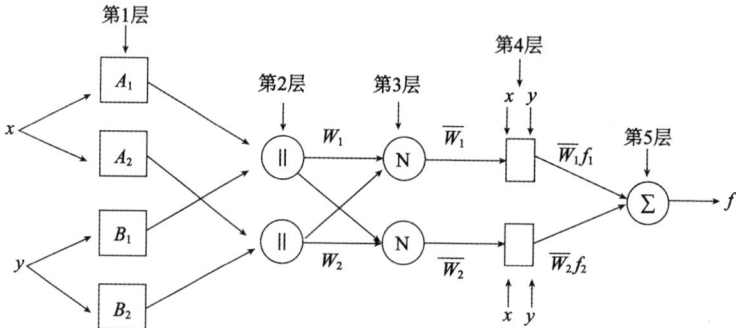

图 3-1　ANFIS 结构

假设输入变量采用高斯型隶属度函数,分别用 $g_{xi}(x, a_i, b_i)$ 和 $g_{yi}(y, c_i, d_i)$ 表示(其中,$i = 1, 2$),ANFIS 结构分成五层,第 1 层为计算输入的隶属度函数。

$$O_{1,i} = g_{xi}(x, a_i, b_i) \qquad i = 1, 2 \tag{3-1}$$

$$O_{1,j} = g_{y(j-2)}(y, c_{j-2}, d_{j-2}) \qquad j = 3, 4 \tag{3-2}$$

式中:$O_{1,i}$——第一层上的第 i 个输出第 2 层为计算每条规则的适用度。

$$O_{2,1} = O_{1,1} \times O_{1,3} = g_{x1}(x, a_1, b_1) \times g_{y1}(y, c_1, d_1) \text{ 记作 } w_1 \tag{3-3}$$

$$O_{2,2} = O_{1,2} \times O_{1,4} = g_{x2}(x, a_2, b_2) \times g_{y2}(y, c_2, d_2) \text{ 记作 } w_2 \tag{3-4}$$

第 3 层为计算适用度的规划值。

$O_{3,1} = w_1 / (w_1 + w_2)$,$O_{3,2} = w_2 / (w_1 + w_2)$ 分别记作 $\overline{w}_1$ 和 $\overline{w}_2$

第 4 层为计算每条规则输出。

$$f_1 = p_{ix} + q_{iy} + r_i \qquad i = 1, 2 \tag{3-5}$$

第 5 层为计算模糊系统的输出。

$$f = \overline{w}_1 f_1 + \overline{w}_2 f_2 \qquad (3\text{-}6)$$

在这一网络中,包含待定的前件参数[隶属度函数中的参数 $a_i, b_i, c_i, d_i(i = 1,2)$]和后件参数[$p_i, q_i, r_i(i = 1,2)$],共有 14 个未知参数,通过算法训练 ANFIS,可以按指定的指标得到这些参数,从而达到模糊建模预测交通流的目的。

(2)神经网络

人工神经网络(artificial neural network,ANN),简称神经网络(neural network,NN),是一种模仿生物神经网络的结构和功能的数学模型或计算模型。人工神经网络算法一般由大量的节点和节点之间相互连接构成。每个节点代表一种特定的输出函数,称为激励函数(activation function)。每两个节点间的连接都代表一个对于通过该连接信号的加权值,称之为权重,这样人工神经网络就具有记忆能力。网络的输出则根据网络的连接方式不同,权重值和激励函数的不同而不同。构成神经网络的神经元示意图如图 3-2 所示。

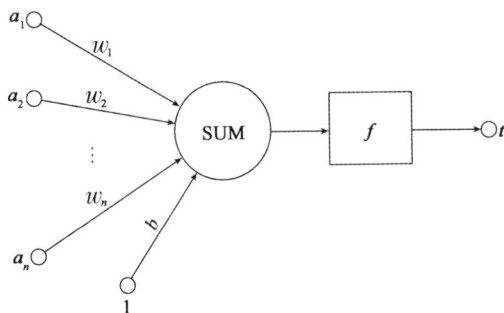

图 3-2　神经网络的神经元示意图

$a_1 \sim a_n$-输入向量的各个分量;$w_1 \sim w_n$-神经元各个突触的权值;b-偏置;f-传递函数,通常为非线性函数,一般有 traingd( ),tansig( ),hardlim( );t-神经元输出。

(3)模糊推理

当一些被研究对象具有复杂的构成或者系统,难以建立精确的数学模型进行控制,需要模仿人类的大脑的模糊思维处理模糊信息,来完成对复杂对象的操作,这就是对系统的模糊推理控制。模糊推理控制是指通过模糊集合论、模糊语言变量及模糊逻辑推理知识利用计算机来把一些控制对象提供的模糊信息转化为数值计算或者精确的数学模型,从而完成对被控对象进行精确控制的目的。它的本质是一种基于语言规则的仿人智能控制,它通过模拟人的模糊思维方法把操作人员的经验总结成规则,进而设计成控制器,完成用计算机自动控制对象的某些过程的工作。用于模糊控制的对象通常具有不确定性、非线性、复杂的构成的特点。

模糊控制的进行要依赖于模糊控制器,模糊控制器主要有模糊量化接口、模糊知识库、模糊推理机、解模糊接口等组成,其构成如图 3-3 所示。

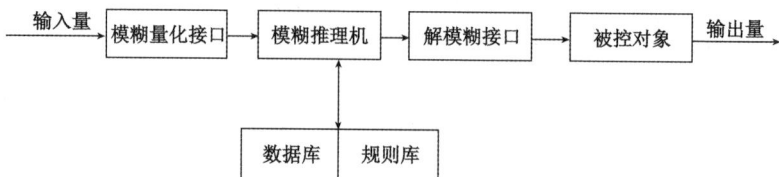

图 3-3　模糊控制器的构成

3.2.3　信息采集设备

公路隧道一般处于山区,其现场管理困难,只有借助于智能控制来完成隧道运营节能。基于隧道机电设施的一体化综合节能控制系统就是一种较完善的智能控制技术,它能够采集隧道的土建、机电、交通、环境、运营工况等信息并处理。主要涉及的信息采集设备包括:

1)终端传感器

终端传感器主要包含洞外亮度传感器,洞内亮度传感器,一氧化碳 CO/VI(一氧化碳/烟雾浓度)、NO_2、风速方向传感器,车辆检测传感器等。

2)智能仪表

智能仪表主要包含智能电表等。

3)通信传输设备

通信传输设备主要包含无线通信设备、串口服务器、光端机、交换机等。

4)选择信息采集设备需考虑的因素

(1)根据测量对象和环境确定类型

首先,认真分析测量工作,考虑采用哪种原理的传感器进行测量,因为即使测量同一物理量,也可以通过不同的原理实现;其次考虑量程、体积(空间是否足够)、安装方式、信号类型(模拟还是数字信号)、测量方式(直接测量还是间接测量)等。

(2)精度

信息采集设备的传感器精度等级关系到整个系统精度,是一个非常重要的参数。一般而言信息采集设备精度越高,价格越贵。在选择时需要从整体考虑,适合现场的才是最好的,不要一味追求所谓的高精度,除非在需要定量测量精确值的场合,才选用精度等级高的传感器。

（3）灵敏度的选择

灵敏度是指输出量的增量与相应的输入量增量之比。灵敏度参数特点分为两方面：一是在线性范围内，灵敏度高，输出信号值比较大，这是优点；二是灵敏度高，与测量无关的外界噪声也容易混入，在处理过程中，影响精度。

（4）线性范围

线性范围是指输出与输入成正比的范围，传感器的线性范围越宽越好，线性范围越宽，量程就大，精度就高。但是任何传感器的线性范围都是相对的，在选择时需要把测量值估算好，在线性范围内使用传感器。

（5）频率响应特性

在测量过程中，传感器的输出总有一定的延迟，与实际值相比也有一定的差别。选择频率响应快的传感器，其延迟时间短。

（6）稳定性

稳定性是指长时间使用后，其性能还能维持不变的能力。影响稳定性的因素除自身原因外，主要是环境因素。因此，选用的传感器要具有较强的环境适应能力，适当的时候还需采取保护措施。

5）主要信息采集设备介绍

（1）洞内照度传感器

洞内照度传感器采用高精度硅光电池作为传感元件，光信号经专业设计的余弦校正器和特制高效滤光片到达传感元件后转换为电信号，再经过高度集成电路处理，输出连续线性正比信号。照度检测器连续监测隧道内环境照度，并把测量值转换成线性正比信号输出给隧道照明智能控制柜。一般选择测量范围 $0 \sim 5000$lx，测量精度 $\leqslant \pm 0.1$lx，防护等级 IP67。

（2）洞外亮度传感器

洞外亮度传感器在隧道照明控制中起到至关重要的位置，其精度和灵敏度决定了后续调光控制稳定性及节能效果。

洞外亮度传感器工作原理：当传感器探头检测到光亮度和照度的变化后，通过两级放大系统得到极微弱的光电流，在经过整形、滤波、计算、变换、A/D 转换等过程，便得到数字量（RS485）、模拟量（$4 \sim 20$mA）的输出。其工作原理如图 3-4 所示。

（3）微波车辆检测器

目前，高速公路常用的车辆检测器有线圈车辆检测器、视频车辆检测器和微波车辆检测器等。线圈车辆检测器是单车道设备，智能检测一条车道的交通信息，且安装或修理时需要中断交通，埋置线圈的切缝容易使路面受损，缩短路面及检测线圈的使用寿命。视频车辆检测器容易受到光线变化的影响,其检测精度和效率都受到限制。微波车辆检测器以其安装维护方便、可检测多车道及全天候工作的特点很好地满足了高速公路的应用要求。

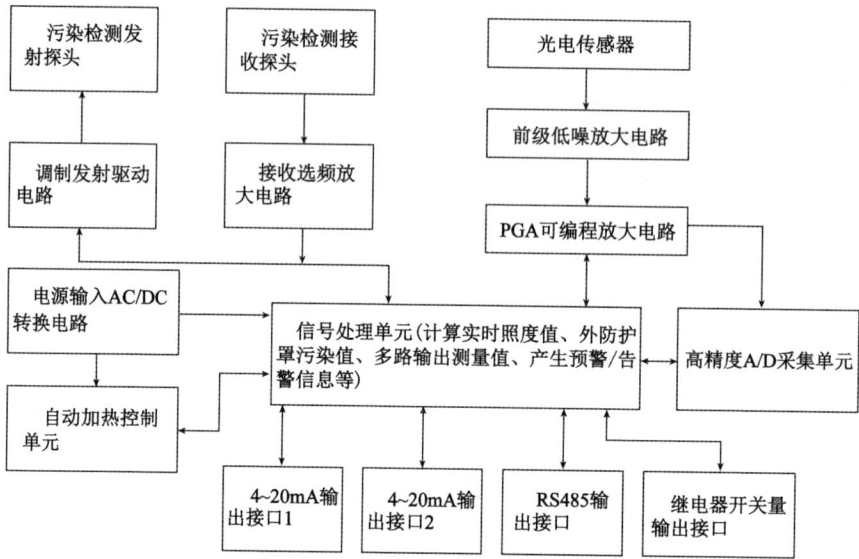

图 3-4　亮度传感器工作原理框图

微波车辆检测器是基于雷达非感应式的一种低成本、技术先进的车辆检测器,用于检测车辆的速度、流量、道路占有率、车辆密度等实时交通数据。

微波车辆检测器主要由微波发射、接收探头及其控制器、调制解调器等组成。一般采用侧向安装模式,其测量工作原理图如图 3-5 所示。

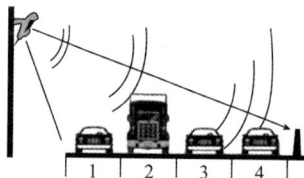

图 3-5　微波车辆检测器测量工作原理示意图

在检测路面上微波车辆检测器通过发射中心频率为 10.525GHz 或 24.200GHz 的连续频率调制微波,投映一个宽度为 3~4m,长度为 64m 的微波带。每当车辆通过这个微波投映区时,都会向检测器反射一个微波信号,检测器接收反射的微波信号,并计算接收频率和时间的变化参数,以得出车辆的速度、长度等信息。

微波车辆检测器与线圈车辆检测器、视频车辆检测器等其他检测方式比较,具有不破损路面、安装维护不阻断交通、全天候工作、不受环境影响等优点。

目前市场上微波车辆检测器的车流量检测精度:单车道≥95%,总流量≥95%;车道占有率监测精度≥95%。

3.3 物联网通信技术

3.3.1 概述

隧道内的各类传感器数据采集和设备的控制都应用到现代物联网通信技术。早期的物联网是指两个或多个设备之间在近距离内的数据传输,解决物物相连,早期多采用有线方式,后期更多的使用无线方式;随着时代进步和发展,社会逐步进入"互联网＋",现在的物联网智能化已经不再局限于小型设备、小网络阶段,而是进入到完整的智能工业化领域。常用的物联网通信方式可以分为四大种类,见图3-6。

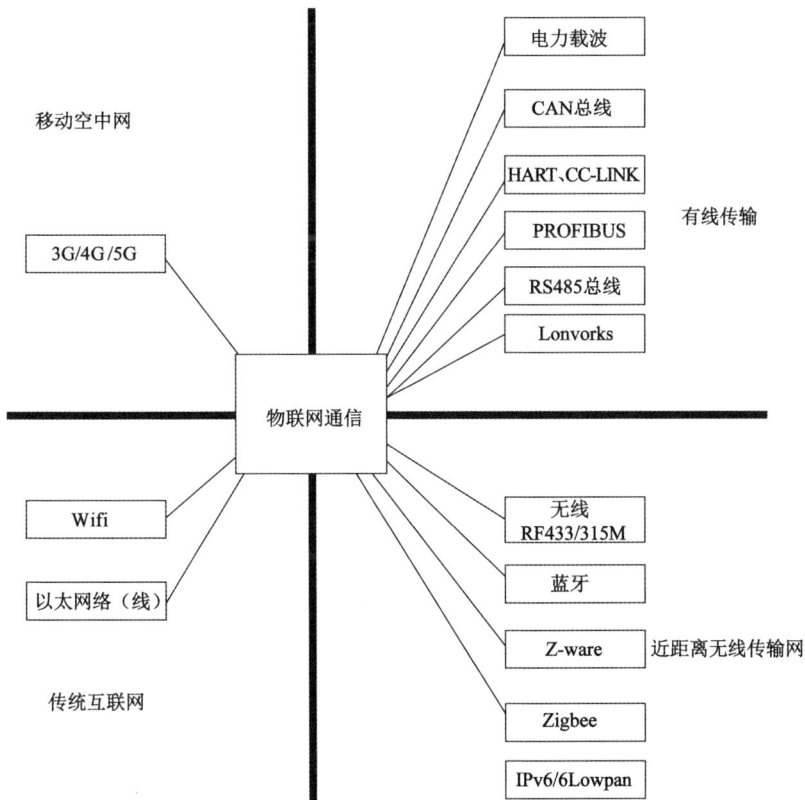

图 3-6　常用的物联网通信方式

3.3.2 无线通信传输

无线通信传输主要有 Wifi、433M 无线电、2.4G、4G、5G 等。其中 ZigBee 采用 2.4G 频段,其作为一项新型的无线通信技术,其具有传统网络通信技术所不可比拟的优势,既能够实现近距离操作,又可降低能源的消耗。

IEEE802.15.4 定义了物理层和 MAC 层,而 ZigBee 联盟定义了网络层、应用层技术规范,每一层为其上层提供特定的服务,如图 3-7 所示。

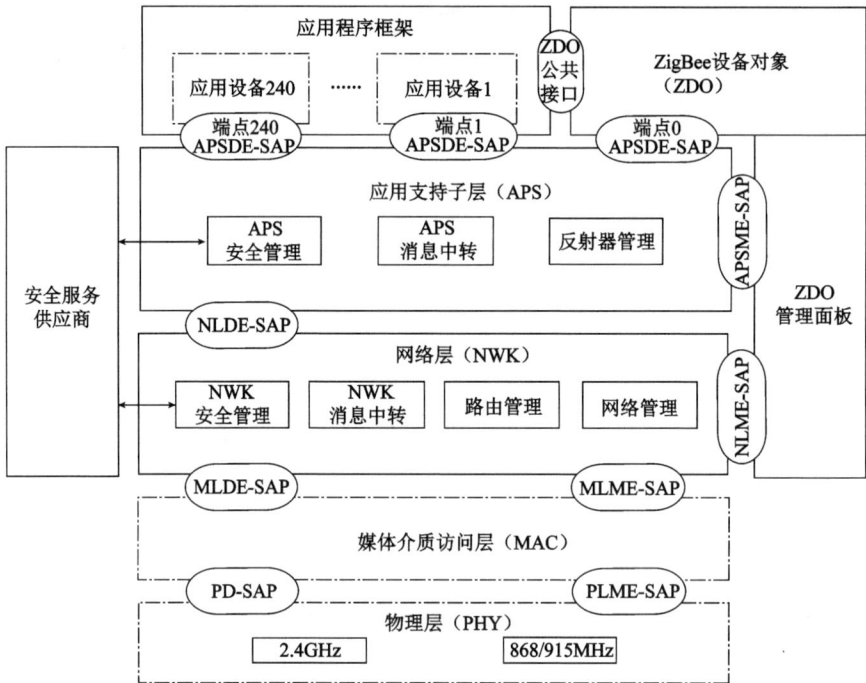

图 3-7 ZigBee 协议栈系统结构图

1)物理层(PHY)

物理层定义了物理无线信道和 MAC 子层之间的接口,提供物理层数据服务和物理层管理服务。物理层数据服务从无线物理信道上收发数据;物理管理服务维护一个由物理层相关数据组成的数据库。

物理层功能:

(1)ZigBee 的激活;

(2)当前信道的能量检测;

(3)接收链路服务质量信息;

（4）ZigBee 信道接入方式；

（5）信道频率选择；

（6）数据传输和接收。

2）MAC 层

MAC 层负责处理所有的物理无线信道访问，并产生网络信号、同步信号；支持 PAN 连接和分离，提供两个对等 MAC 实体之间可靠的链路。MAC 层数据服务：保证 MAC 协议数据单元在物理层数据服务中正确收发。MAC 层管理服务：维护一个存储 MAC 子层协议状态相关信息的数据库。MAC 层功能：

（1）网络协调器产生信标；

（2）与信标同步；

（3）支持 PAN（个域网）链路的建立和断开；

（4）为设备的安全性提供支持；

（5）信道接入方式采用免冲突载波检测多址接入（CSMA-CA）机制；

（6）处理和维护保护时隙（GTS）机制；

（7）在两个对等的 MAC 实体之间提供一个可靠的通信链路。

3）网络层（NWK）

ZigBee 协议栈的核心部分在网络层。网络层主要实现节点加入或离开网络、接收或抛弃其他节点、路由查找及传送数据等功能，支持 Cluster-Tree 等多种路由算法，支持星状型（Star）、树状型（Cluster-Tree）、网状型（Mesh）等多种拓扑结构，如图 3-8 所示。

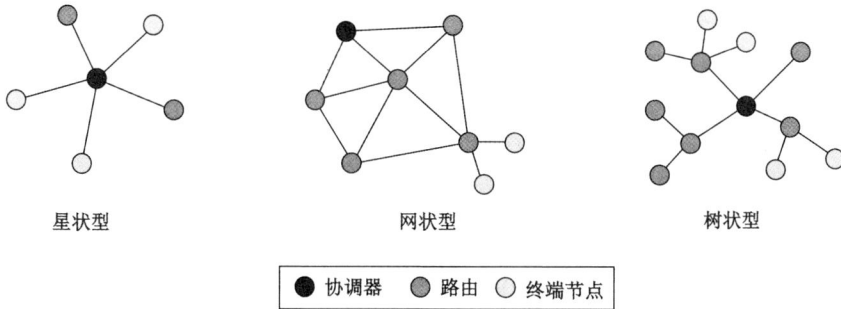

星状型　　　　　　　　网状型　　　　　　　　树状型

● 协调器　● 路由　○ 终端节点

图 3-8　ZigBee 协议网络层拓扑结构示意图

网络层功能：

（1）网络发现；

（2）网络形成；

（3）允许设备连接；

（4）路由器初始化；

（5）设备同网络连接；

（6）直接将设备同网络连接；

（7）断开网络连接；

（8）重新复位设备；

（9）接收机同步；

（10）信息库维护。

4）应用层（APL）

ZigBee 应用层框架包括应用支持层（APS）、ZigBee 设备对象（ZDO）和制造商所定义的应用对象。应用支持层的功能包括：维持绑定表、在绑定的设备之间传送消息。所谓绑定就是基于两台设备的服务和需求将它们匹配连接。

ZigBee 设备对象的功能包括：定义设备在网络中的角色（如 ZigBee 协调器和终端设备），发起和响应绑定请求，在网络设备之间建立安全机制。ZigBee 设备对象还负责发现网络中的设备，并且决定向它们提供相应的应用服务。ZigBee 应用层除了提供一些必要函数以及为网络层提供合适的服务接口外，一个重要的功能是应用者可在这层定义自己的应用对象。

（1）应用程序框架（AF）

运行在 ZigBee 协议栈上的应用程序实际上是厂商自定义的应用对象，并且遵循规范（profile）运行在端点 1 ~ 240 上。在 ZigBee 应用中，提供两种标准服务类型：键值对（KVP）或报文（MSG）。

（2）ZigBee 设备对象（ZDO）

远程设备通过 ZDO 请求描述符信息，接收到这些请求时，ZDO 会调用配置对象，获取相应描述符值。另外，ZDO 提供绑定服务。

5）ZigBee 节点

类型有三种：

（1）ZigBee 协调器（coord 为协调器节点）

①每个 ZigBee 网络必须有一个核心节点；

②初始化网络信息，负责网络的构件、管理和维护。

（2）ZigBee 路由器（router 为路由节点）

路由信息，负责传输数据包，是终端节点和协调器节点的中继

（3）ZigBee 终端节点（rfd 为终端节点）

终端节点没有路由功能，只负责信号的收发，功耗低，可以直接连接到协调器节点，也可以通过路由器节点连接到协调器节点。

6)ZigBee 的三种组网形式

(1)点播:点对点通信,不允许第三个设备参加。

(2)广播:同一信道下的所有设备进行通信。

(3)组播:同一信道下的同一组的设备进行通信。

综上所述,ZigBee 的优点是具备双向通信、自组网路由能力,且网络容量大、功耗低、成本低的特点;缺点是传输速度慢。在对于传输速度要求并不高的工程场合有广泛的应用,是物联网无线传输发展必不可少的技术。在隧道内的无线单灯控制及传感器的数据采集具有低成本施工的优势。

3.3.3 无线 ZigBee 在 LED 单灯无级调光系统上的应用

1)系统整体设计

ZigBee 无线基站和 ZigBee 无线终端及 LED 可调光灯具组成单灯无级调光系统。系统工作原理如下:部署在隧道变电所的明节能控制柜采集洞内外亮度及车流量信息,并执行逻辑控制;部署在隧道口的 ZigBee 无线基站(协调器)与照明节能控制柜采用串行总线方式连接,ZigBee 无线终端节点被部署在每个 LED 灯具内,与基站无线通信并根据指令调节 LED 亮度。

系统总体设计框图如图 3-9 所示。

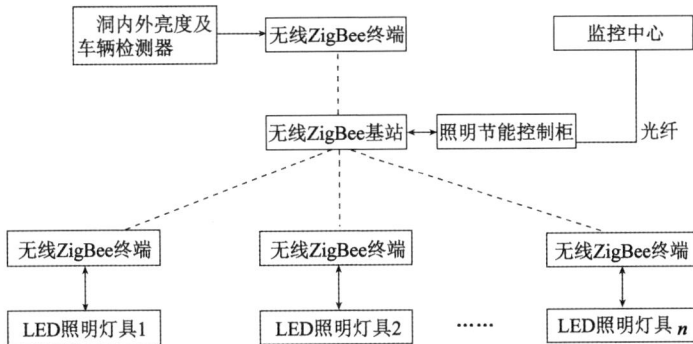

图 3-9　系统总体框图

2)硬件和软件设计

ZigBee 基站(协调器)和终端节点都选用 TI 公司的片上系统 CC2530F256,该芯片支持 ZigBee 协议栈 Z-Stack,片内集成射频收发器,集成增强型 51MCU,8KBRAM 和 256KB 可编程闪存,可满足隧道 LED 控制需求。

ZigBee 基站原理示意见图 3-10。

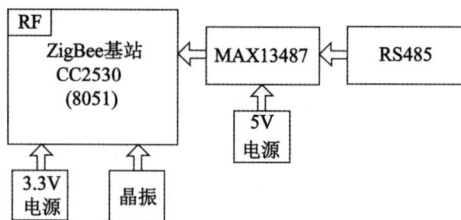

图 3-10　ZigBee 基站原理图

ZigBee 终端节点原理示意见图 3-11。

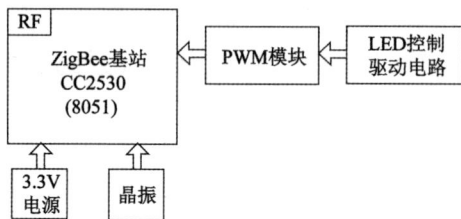

图 3-11　ZigBee 终端节点原理图

　　本设计将 LED 驱动电路与无线 ZigBee 终端连接,这样隧道中每个 LED 灯都是无线网络中的一个节点,设置唯一 ID,通过 CC2530 接收调光控制命令,再由 CC2530 发出 PWM 信号,通过 LED 驱动电路调节电压或者电流输出,实现对 LED 灯具亮度无级调节。

　　软件主程序流程图见图 3-12。

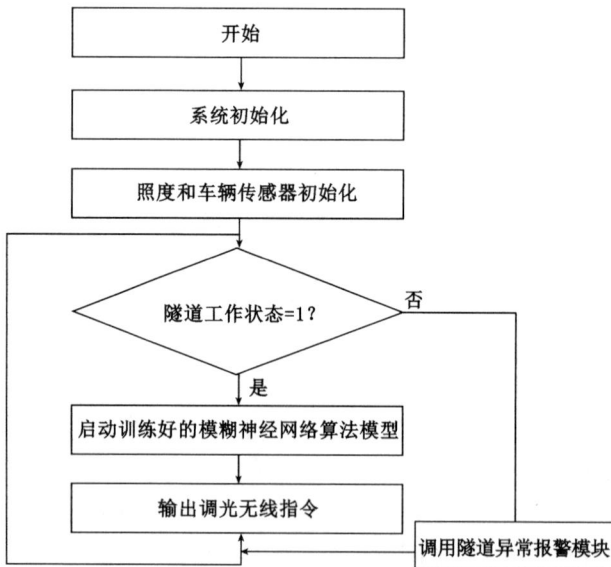

图 3-12　软件主程序流程图

3.3.4　有线通信传输

有线通信是指设备之间用物理线直接相连来进行信号传递,在传感器和设备多点确实存在方便之处。主要有电线载波或载频、同轴线、CAN、Lonworks、RJ45、RS232 串口、RS485、USB 等,这里重点对在仪表和传感器上常用的 RS485 总线进行介绍。

现场总线被誉为自动化领域的计算机局域网。在总线种类多样化的今天,RS485 总线通讯模式由于具有结构简单、价格低廉、通信距离远和数据传输速率适当等特点而被广泛应用于仪器仪表、智能化传感器集散控制、楼宇控制、监控报警等领域。

目前以 RS485 总线为基础组建的各类网络中,多采用主从式通信,但在一些组网中采用对等式的通信方式,更符合设计要求、效率更高。因为总线上发起通信的数据有外界的遥控指令、人机接口处传来的控制和查询指令以及一些模块主动上传的指令(如报警),这些指令大多数是随机的,若采用主从式难以符合要求,而采用多主式的对等网可以符合数据传输要求,使数据及时发送。同时由各设备对等的关系实行分布式控制,所以一个模块损坏不会影响其他模块工作,因此不存在主站损坏导致整个通信线路瘫痪的问题,从而使通信的可靠性大大增加。

1)多主式对等网数据传输方案选择

在采用多主式后,挂接在总线上的各种设备之间是对等关系,各节点在发送数据时存在总线竞争问题,需要考虑设备之间的优先发送数据问题以及传送效率问题。要解决总线竞争问题,可以考虑用以太网的冲突检测方案或令牌总线方案,而以太网冲突检测方案在轻载荷时效率高,且协议比令牌总线方案简单,故在隧道内多传感器及仪表、控制器应用现场采用此方式。

2)多主式数据传输的硬件设计

(1)器件选择

多主式数据传输硬件的主控单片机采用 AT89C52,AT89C52 能够与 51 系列单片机兼容,具有 8kB Flash 程序存储器、256B 数据存储器,以及串口中断和定时器。这些完全能够满足系统对程序中断处理、数据存储器和程序存储器容量的需求,RS485 收发器可考虑用 SN75LBC184 芯片,该芯片具有很好的抗干扰性能,可靠性高。

(2)设计原理

硬件原理如图 3-13 所示,单片机 AT89C52 的串口数据线与 SN75LBC184 的收发端口相连。SN75LBC184 的使能端由单片机 I/O 口控制,通过 RS485 收发器进行单片机信号与 RS485 信号的转换。利用 AT89C52 有一个全双工串口通信端口的特性,在发送 1 个字节后,紧接着从总线收一次数据,并比较 2 个数据是否相同,若相同,则认为没有生产冲突,否则认为产生了冲突,去执行相应的冲突处理,此时 RS485 收发器要收发同时使能,可让收(RE)一直使能,发使能(DE)用一个单片机 I/O 口控制。为了减少 RS485 总线上的盲区状态,加强通信的可靠性,在 RS485 总线的出口处加 3 个保护电阻,分别是上拉电阻(750Ω)、接地电阻(750Ω)和 2 条信号线之间的电阻(130Ω)。

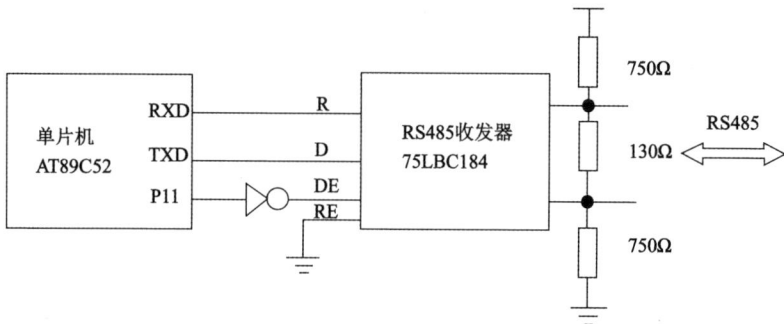

图 3-13　硬件原理图

3)多主式数据传输的软件设计

(1)发送流程

由于采用类似以太网的冲突检测方式来发送数据,因此减少了冲突。数据在发送之前应先进行总线侦听,即确定总线是否有数据正在发送,若有,则等待到线路空闲,否则可发送,这样可以减少冲突发生的概率,具体发送流程如图 3-14 所示。当有效数据发送时先判断线路是否忙,若不忙,则可以发送数据,在发送途中检测是否有冲突,若在发送中发现有数据冲突,则进行冲突处理,算出退避时间,等待退避时间后重传数据,最多 10 次;若无冲突,则发送完成,在设定的时间内等待回应帧,若在规定时间内没收到回应帧,则至相应标志重传本帧数据或放弃,若收到回应帧,则本次通信成功。

(2)接收流程

串口通信采用异步传送方式。字符是按帧格式进行传送的,每帧数据中起始位和结束位各占 1 位,数据位 8 位,无校验码,接收流程如图 3-15 所示。在串口收到数据后,按格式去判别所接收的数据是否正确,即先找到起始符,然后判断是否为发给自己的数据,并按自定义协议的数据要求和范围逐个进行检验,若为有效数据则放入接收缓冲区,置接收标志,让应用层处理,有需要回应的,应用层处理完后发送相应的回应帧,对接收到的数据进行处理时,先看是否符合通信格式,CRC 校验是否通过,然后才译码。若其中一个数据不符合要求,就清缓冲区,认为数据无效,有些数据需返回错误信息,在通信中可能有一些异常状态,若接收数据出错或 1 帧数据没有收完,在此情况下,若数据之间的间隔超过最大等待时间,则需把接收数据缓冲区清空,认为数据无效。

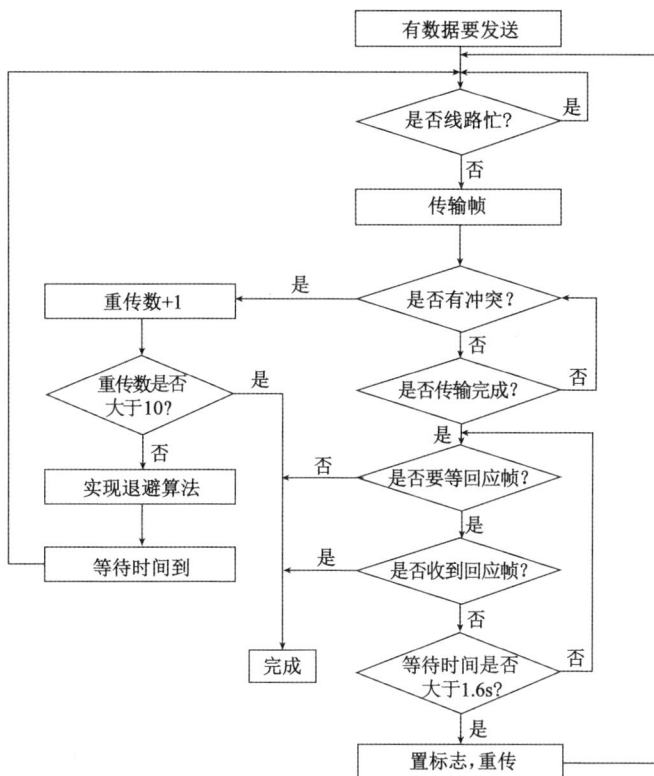

图 3-14 发送流程图

（3）冲突检测流程

若各设备同时在空闲的电缆上发送数据就会发生数据冲突,此时系统要能检测出总线上的冲突,在发送时把数据赋给一个变量,进入发送中断后等待接收中断标志,然后从串口取数,与变量中的数比较即可判断有无冲突,冲突检测流程如图 3-16 所示。若超过设定时间没收到 RI 标志为 1 的信号,则认为发生冲突。在接收到 RI 标志后,把串口缓冲区的数据与发送前存的数据比较,若二者相同,则不存在冲突;若不同,则认为发生冲突。

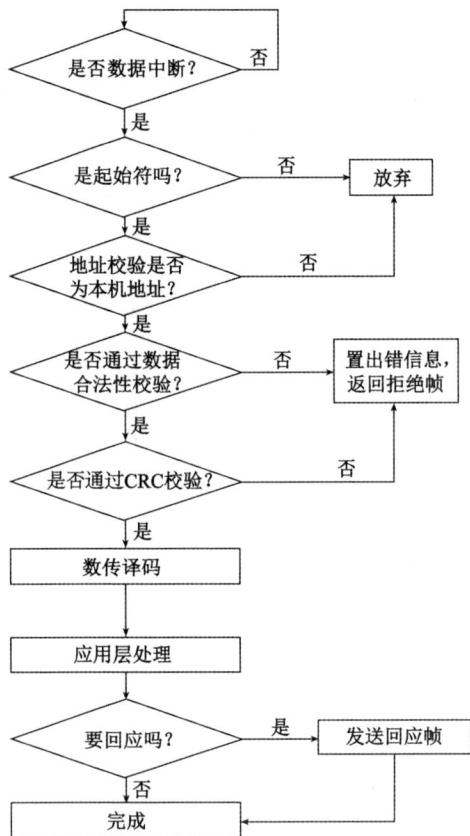

图 3-15 接收流程图

(4) 冲突处理流程

在发送数据中，若检测到一次数据不同，就认为总线上有数据冲突，要进行冲突处理。冲突处理流程如图 3-17 所示。发送过程中，当检测到总线上有数据冲突，则所有设备停止发送，计算出等待时间，退出串口中断，在等待一段时间后，重新发送。等待时间的计算采用改进的二进制指数退避算法。

在二进制指数退避算法中退避延时 $T = (2^i - 1) \times$ 基本时间间隔 $\times$ 优先系数。其中，i 为冲突次数，最大取 10；基本时间间隔定为 $500\mu s$；优先系数是考虑让一些重要数据在发生冲突后可以优先发出，各站中越重要的数据优先系数越小，这是对以太网二进制指数退避算法的改进。

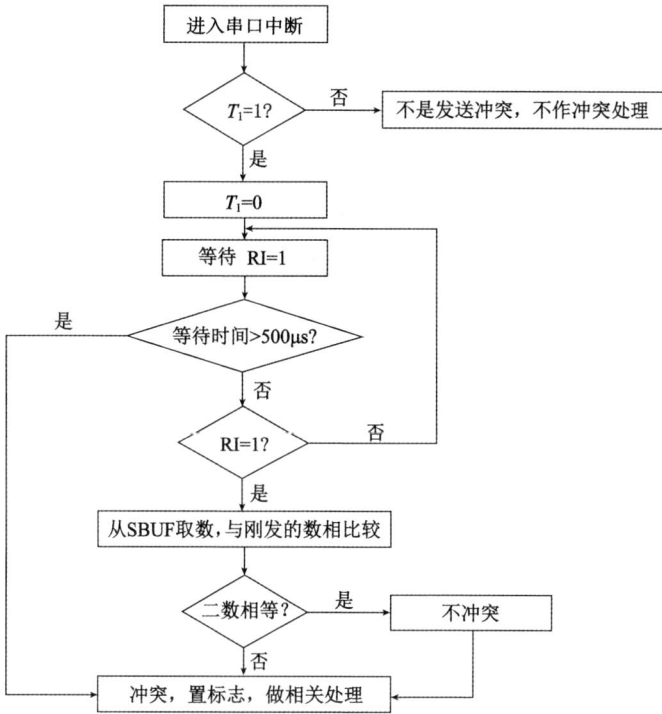

图 3-16　冲突检测流程

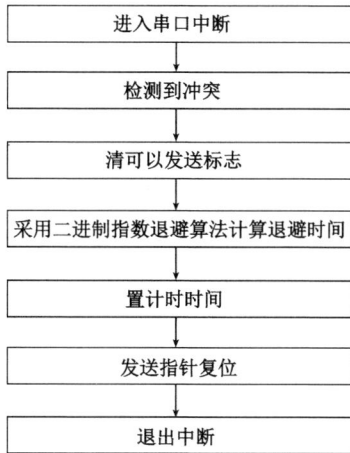

图 3-17　冲突处理流程图

3.4 公路隧道节能控制设计

3.4.1 照明节能控制

隧道照明节能控制就是通过照明控制技术在实现安全舒适的照明条件下，避免过渡照明而达到节能。在 LED 调光灯具还未成熟之前，常采用按时间或洞外亮度设计的开关照明灯具来控制洞内照度，但是存在控制不精细、易造成亮暗间隔的斑马效应而影响行车安全问题，随着 LED 灯具的日趋成熟，现在公路隧道采用 LED 灯具照明越来越多，其中 LED 自适应动态无级调光技术能够很好实现隧道工况照明且节能效果较好。LED 自适应动态无级调光技术能够在隧道照明节能控制上应用主要是从这个方面考虑：

1）节省维护参数产生的照度冗余

根据《公路隧道照明设计细则》（JTG/T D70/2-01—2014），考虑到灯具的光衰和污染，灯具的维护系数取 0.6 ~ 0.7，这样初始照明光通量将高出设计标准 43% ~ 67%，若采用按时段分级调光，这部分光能（即电能）将被浪费掉，直至灯具光衰和表面污染使灯具光通量降至规范要求的照度值；而采用自适应无级调光，可在灯具开启初期按照实际亮度需求调低灯具额定输出亮度，在灯具由于光衰和表面污染降低总光通量时再调高灯具亮度，以达到节约光能（电能）的目标。同时由于初期降低了额定输出，相对地延长了灯具光衰进程。

2）节省洞外亮度产生的照度冗余

《公路隧道照明设计细则》（JTG/T D70/2-01—2014）中洞外亮度依据年户外最大亮度确定，而一年冬季和夏季的亮度差值较大，一天内随着阳光的照射角度不断变化，洞外亮度的差别也很大。采用自适应无级调光控制方式能自适应洞外亮度变化而调整洞内亮度输出，既保证安全，又避免过度光照度浪费电能。

洞外亮度的大小决定 $L_{20}(S)$，其取值的大小对确定各段的亮度有很大影响。《公路隧道照明设计细则》（JTG/T D70/2-01—2014）关于 L_{th} 的取值有如下规定：当车辆行驶速度达到 60km/h 以上时，其取值范围为 30 ~ 270cd/m²，该范围跨度较大。且我国的洞外亮度 $L_{20}(S)$ 取值一般建议在 4000cd/m²，没有考虑地形及季节等产生的影响，因为洞外亮度 $L_{20}(S)$ 随天气、季节、早至晚变化很大，并不稳定，在运营当中应予以智能控制 L_{th} 及洞内亮度。许多实际工程表明，$L_{20}(S)$ 值大小不但影响前期的设备投资，还影响运营期的能耗及维护，如表 3-1 所示。

洞外亮度大小与能耗 表3-1

洞外亮度 （cd/m²）	入口段 （cd/m²）	过渡段Ⅰ （cd/m²）	过渡段Ⅱ （cd/m²）	能耗百分比 （%）	备　　注
5500	192.5	57	19.25	137.5	以洞外亮度 4000cd/m² 时 为基准
4000	140	42	14	100	
3000	105	31.5	10.5	75	
2000	70	21	7	50	
1000	35	10.5	—	25	

3) 节省交通量产生的亮度冗余

设计亮度折减系数和基本段亮度是依据高峰小时交通量确定的,而隧道一天内不同时间段的交通量存在较大差别,因此在不同的交通量状况下开启相同亮度的照明灯具势必造成电能浪费。自适应无级调光控制系统可以依据车流量和车速,在《公路隧道照明设计细则》(JTG/T D70/2-01—2014)内调整灯具输出亮度,以满足安全通行,避免低流量下的光能(电能)浪费,特别是隧道在开通初期存在大量照明亮度冗余这一现象。

4) 自适应无级调光控制系统控制逻辑

自适应无级调光控制统采集到 $L_{20}(S)$、交通量、平均车速、能见度等实时数据,依据《公路隧道照明设计细则》(JTG/T D70/2-01—2014)进行专家知识干预,自动调整公路隧道各段亮度折减系数等参数,以此实现基于洞外亮度、交通量、平均车速的自适应无级调光控制。

调光输出 = [低限固定权系数 + 环境亮度权系数 × 环境亮度实测值/(环境亮度最高值 − 环境亮度最低值) + 车流量权系数] × 灯具光衰补偿系数

依据《公路隧道照明设计细则》(JTG/T D70/2-01—2014)设计速度为80km/h 的单向交通隧道洞内调光控制具体见表3-2。

洞 内 调 光 策 略 表3-2

车　　速	设计交通量 N [veh/(h·ln)]	白天对应洞内亮度 （cd/m²）		
	单向交通	入口段	中间段 L_{in}	出口段
80km/h	≤350	$0.025 \times L_{20}(S)$	1.5	$5 \times L_{in}$
	350 < N < 1200	$0.025 \times L_{20}(S) \times$ $[1 + (N_s - 350)/850]$	2.5	
	≥1200	$0.035 \times L_{20}(S)$	3.5	

续上表

车　　速	设计小时交通量 N [veh/(h·ln)]	夜晚对应洞内亮度 （cd/m²）		
	单向交通	入口段	中间段 L_{in}	出口段
80km/h	≤350	1.0	1.0	1.0
	$350 < N < 1200$	2.5	2.5	2.5
	≥1200	3.5	3.5	3.5

注:1. N_s-道路实时交通量。

2. Ltr1-过渡段 1 亮度值;Ltr2-过渡段 2 亮度值;Ltr3-过渡段 3 亮度值;Ltr1-入口段 1 亮度值。

3. 设有过渡段时按照以下取值: $L_{tr1} = 0.15 \times L_{th1}$; $L_{tr2} = 0.05 \times L_{th1}$; $L_{tr3} = 0.02 \times L_{th1}$。

自适应无级调光控制系统控制逻辑如图 3-18 所示。

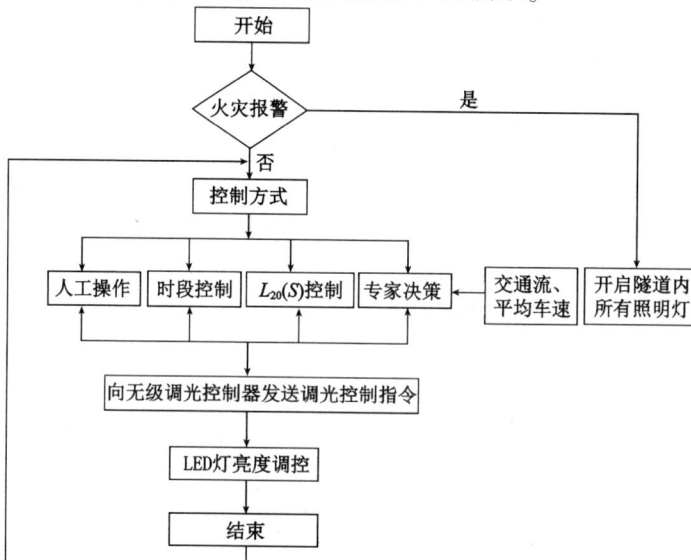

图 3-18　自适应无级调光控制系统控制逻辑图

从《公路隧道照明设计细则》(JTG/T D70/2-01—2014)可知入口段及过渡段的亮度均与 K 和 $L_{20}(S)$ 成正比,这表明如要调节入口侧加强照明,则依据交通流数据调节 K,依据洞外亮度仪输出值调整 $L_{20}(S)$,两个数据实时联动综合运算输出调光指令,调整洞内入口及过渡段的亮度。基本照明与加强照明不同,它的亮度调节主要是与车流量、维护系数和时间段有关。因此,基本照明调光功率可以按照下式计算:

$$Pb(t) = Pb(\max) \times M(t) \times K_N \tag{3-7}$$

式中:Pb(t)——基本照明调光功率;

Pb(max)——基本照明最大功率;

K_N——基本照明不同交通量时的亮度增减系数:

$$K_N = \frac{交通对应的亮度}{设计交通量对应的亮度} \tag{3-8}$$

式中,交通量对应的亮度可以依据《公路隧道照明设计细则》(JTG/T D70/2-01—2014)对照,设计交通量对应的亮度为 3.5cd/m² (设计速度为 80km/h 时),这样养护系数与基本照明不同交通量时的亮度增减系数 K_N 的积构成基本照明输出功率百分比,以 ϕ 表示。

$$\phi = M(t) \times K_N \times 100\% \tag{3-9}$$

一般新建高速公路在投入运营初期(特别是西部、西北部等区域),车流量小于 700 辆/h,则有

$$K_N = 2 \div 4.5 = 0.44 \tag{3-10}$$

将 $M(t)|_{t=0} = 0.7$ 和 $K_N = 0.44$ 代入 $\phi = M(t) \times K_N \times 100\%$,得到:

$$\phi = 0.7 \times 0.44 \times 100\% = 31\% \tag{3-11}$$

这表明,运营初期白天基本照明实际所需功率仅为设计的31%。

3.4.2 照明直流供电

隧道照明灯具的布置相对来说比较集中,特别是入口段、过渡段的照明灯具不但功率大,而且非常密集。这样针对 LED 灯具就可以考虑直流集中供电技术的应用。

1)直流集中供电工作原理

直流集中供电是指采用高精度均流和热备份技术、大功率高频软开关 PWM 控制变换技术对输入的三相交流电进行转换成直流电(常用的为 220 ~ 300V DC)电源供给区域性 LED 大功率灯具使用。

直流集中供电工作原理如图 3-19 所示。

2)LED 灯具的集中式直流供电与传统交流供电系统的比较

(1)传统交流供电系统

LED 灯具直接连接交流电网,一方面受电网的影响很大,例如电网对灯具的电磁干扰(EMC)影响和电网传输过来的雷击影响;另一方面,每个 LED 灯具都需有 EMC、整流、功率因数校正、滤波、功率驱动、逆变降压、稳电压输出或再稳流输出至 LED 光源。灯具控制装置的电路复杂、元器件多,灯具成本高。相对而言,安全、EMC 问题比较突出。这些使 LED 灯具的可靠性低并影响寿命。

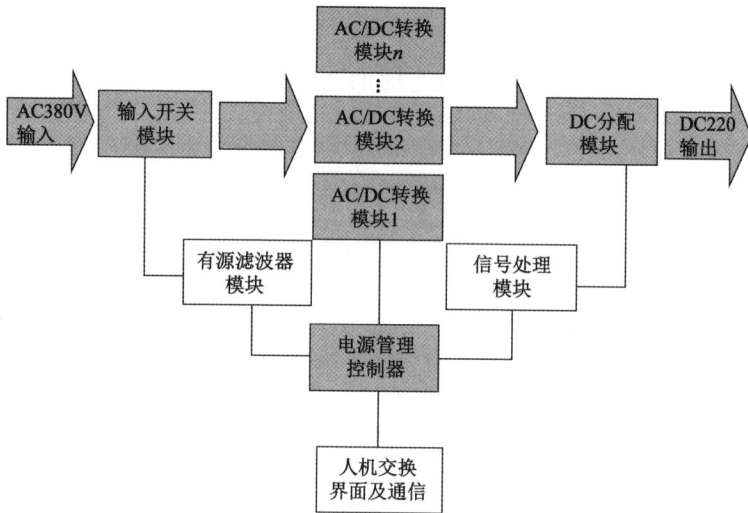

图 3-19　直流集中供电工作原理

（2）集中式直流供电系统

LED 灯具连接在控制柜电源模块的直流输出端，一方面，基本不受交流电网对灯具的电磁干扰（EMC）影响，不受交流电网侧传输过来雷击的影响（当然也还是需要抵抗雷击打在直流线路上传输过来的脉冲影响）；另一方面，每只 LED 灯具可以不需要 EMC、整流、功率因数校正、滤波、功率驱动、逆变降压等电路和元件。只需很少辅助元器件，直接输出至串联的 LED 光源。如此，灯具控制装置的电路非常简单，可靠性非常高，寿命可以很长，这对于使用环境条件恶劣的道路和隧道照明工程非常有利。

（3）集中供电比交流供电电能损耗降低 15%

忽略交流/直流灯具光效的差异，仅考虑从电源端—驱动电流输出端的综合电能损耗。

对比交/直流输电状态，灯具产生无效电能损耗的因素有：①无功和谐波损耗；②集中式整流器损耗；③输电线路损耗；④灯具驱动器损耗。对应的输电设备效率为：①设备无功和谐波效率；②集中式整流器效率；③输电线路效率；④灯具驱动器效率。

交流输电带交流灯具的工况下，电能传输效率 η_1 为：

$$\eta_1 = ① \times ③ \times ④ \approx 85\% \times 95\% \times 85\% = 68.6\% \qquad (3\text{-}12)$$

直流输电带直流灯具的工况下，电能传输效率 η_2 为：

$$\eta_2 = ① \times ② \times ③ \times ④ \approx 98\% \times 95\% \times 95\% \times 95\% = 84\% \quad (3\text{-}13)$$

从理论上对比交/直流输电情况下从电源端到驱动电流输出端的效率,可以直观证明照明直流供电在效率上的优越性,可降低约15%电能损耗。

(4)集中供电比交流供电用电安全系数提升50%

传统常规照明交流供电普遍采用 TN-S 接地方式作为保护方式,传统三相五线制照明供电广泛采用中性点接地,即零线 N 和地线 PE 从同一点引出。在接触到单火线时,带电导体与人体、大地形成电流回路,造成人体触电危害。

照明直流供电采用隔离 + IT 接地方式作为保护方式,即负责输电的正、负极导体与地线 PE 为浮地电位。在接触到单正极或单负极时,带电导体、人体与地之间并不形成电流回路,从而不会引起人体触电危害;只有在极端的同时触摸正、负极导体时,才会引起触电危害。因此从理论上可以认为照明直流供电的安全系数,比交流用电提升50%以上。

(5)集中供电电力线搭载曼式编码调光,减少60%电缆数量

传统交流照明如采用三相五线制电力线 + 双信号线,即使用总计 7 根电缆进行电能 + 信号传输。

直流照明供电可以采用双电力线搭载曼彻斯特编码调光信号技术,将信号线与输电线合而为一,总计使用 2 根电缆进行电能 + 信号传输。因此直流照明方式可有效减少60%以上的电缆数量。

3)集中直流供电设备技术参数

主要技术参数见表3-3。

主要技术参数　　　　　　　　表3-3

输入电源	额定电压	AC380V/220V,三相
	频率	50Hz/60Hz
调光范围		100% ~ 0% 调光功率
输出路数(标配)		3 路
额定功率		3kW、6kW、9kW、12kW、15kW、18kW、22kW
输出直流电源 (灯具工作电源)	纹波电压	<2%额定输出直流电压
	谐波含量	单次 < 基波电流1%,总 < 基波电流1%
	电压幅度	DC 220V
环境温度	环境温度(海拔2km以下)	− 20 ~ +45℃
	存储温度	− 25 ~ +60℃

续上表

保护动作参数	过载范围	负载电流≥1.25I_e（I_e 指额定电流）
	过温保护	温度≥120℃
	输出欠压保护	输出电压<180V
损耗	空载电流	<0.3%
	空载损耗	<0.7%
	负载损耗	<2%
上行通信	通信接口	RS485
	波特率	9600bps
	通信协议	Modbus RTU
防护等级		IP34/IP45
安装方式		挂墙/落地安装方式

3.4.3 通风节能控制

隧道内部是一个半封闭的空间，汽车在行驶过程中会产生大量的 CO、NO_2 尾气，对于短隧道来说，在自然风条件下，烟雾很容易散去，不会造成隐患；而对于中、长隧道来说，烟雾难以散去，超过一定浓度的有害气体不仅会对人身体造成损害，而且其带来的烟雾效应在照明系统中干扰驾驶员的视线，造成一定的安全隐患，因此需要不断地对隧道内部输入新鲜空气，即隧道内部通风。公路隧道内的通风方式通常分为自然通风和机械通风，机械通风又分为纵向式、半横向式、全横向式和混合式四种通风方式。选择合适的通风方式要基于当地地形、环境、气候、交通等因素。在选定隧道通风方式后，就可以根据公路隧道通风系统的环境标准制定通风系统的风机部署方案。公路隧道通风的环境标准主要是指隧道内的一氧化碳（CO）、烟雾浓度（VI）、能见度（VIS）、风速（WS）、交通量（VD）等指标，可对一氧化碳和烟雾进行浓度稀释，从而保障隧道系统的环境安全。

1）CO 的设计浓度相关计算

当采取全横向通风和半横向通风方式时，当隧道长度不大于 1000m 时，CO 浓度取值不大于 250×10^{-6}；当隧道长度不小于 3000m 时，CO 浓度取值不大于 200×10^{-6}；当隧道长度在 1000～3000m 时，CO 浓度按插值法取值。当采取纵向通风方式时，在以上值的基础上加 50×10^{-6}。当交通拥堵时，在拥堵时间不超过 20min、拥堵段的长度不超过 1km 时,CO 浓度可取到 300×10^{-6}。

例如,隧道通风系统采取的是纵向通风方式,其 CO 的设计浓度和隧道长度的关系如下:

$$CO = \begin{cases} 1000 & （火灾工况） \\ 300 & L \leqslant 1000 \\ 300 - \dfrac{L - 1000}{40} & 1000 < L < 3000 \\ 250 & L \geqslant 3000 \end{cases} （正常工况） \quad (3\text{-}14)$$

当交通拥堵时,拥堵时间和 CO 的设计浓度的关系如下:

$$t = 35 - CO \text{ 的设计浓度} /20 \quad (3\text{-}15)$$

可以得出 CO 浓度采用最大值时,车辆在隧道中拥堵时间和隧道长度的关系:

$$t = \begin{cases} 20 & L \leqslant 1000 \\ 18.75 + L/800 & 1000 < L < 3000 \\ 22.5 & L \geqslant 3000 \end{cases} （正常工况） \quad (3\text{-}16)$$

2)烟雾浓度的设计标准

当车速分别为 100km/h、80km/h、60km/h、40km/h 时,其设计标准浓度分别为 0.0065/m、0.007/m、0.0075/m、0.009/m。

3)公路隧道通风节能系统的计算基础

(1)CO 排放量的计算

CO 的排放量计算:

$$Q_{CO} = q_{CO} f_a f_d f_h f_{iv} L \sum_{m=1}^{n} (N_m f_m) \quad (3\text{-}17)$$

式中:Q_{CO}——隧道内 CO 的排放量(m^3/s);

$\quad q_{CO}$——一辆标准车排放的 CO 的体积[$m^3/(km \cdot 辆)$];

$\quad f_a$——此情况下的车况系数;

$\quad f_d$——车密度系数;

$\quad f_h$——考虑 CO 的海拔高度系数;

$\quad f_{iv}$——考虑 CO 的纵坡车速系数;

$\quad L$——隧道长度(m);

$\quad N_m$——车型设计交通量;

$\quad f_m$——考虑 CO 的车型系数。

（2）稀释 CO 所需的排风量

由 CO 的设计浓度和 CO 的排放量，可计算稀释 CO 所需排风量：

$$Q_{req(CO)} = \frac{Q_{CO}}{\delta} \frac{P_0}{P} \frac{T}{T_0} \times 10^6 \tag{3-18}$$

式中：$Q_{req(CO)}$——稀释全隧道内的 CO 所需的排风量（m^3/s）；

$\quad\quad P_0$——标准大气压（kN/m^2）；

$\quad\quad P$——隧址设计气压（kN/m^2）；

$\quad\quad T$——隧道夏季设计气温（K）；

$\quad\quad T_0$——标准气温（273K）；

$\quad\quad \delta$——CO 设计浓度（10^{-6}）。

（3）稀释烟雾所需排风量的计算

烟雾排放量的计算：

$$Q_{VI} = \frac{1}{3.6 \times 10^6} q_{VI} f_{a(VI)} f_d f_{h(VI)} f_{IV(VI)} \sum_{m=1}^{n_D} (N_m f_{m(IV)}) \tag{3-19}$$

式中：Q_{VI}——隧道内烟雾排放量（m^3/s）；

$\quad\quad q_{VI}$——烟雾基准排放量[$m^3/(km\cdot辆)$]；

$\quad\quad f_{a(VI)}$——考虑烟雾时的车况系数；

$\quad\quad f_d$——车密度系数；

$\quad\quad f_{h(VI)}$——考虑烟雾时的海拔高度系数；

$\quad\quad f_{IV(VI)}$——考虑烟雾时的纵坡高度系数；

$\quad\quad N_m$——车型设计交通量；

$\quad\quad f_{m(IV)}$——考虑烟雾时的车型系数；

$\quad\quad n_D$——柴油车的车型类别数。

由烟雾排放量，可以计算稀释烟雾所需的排风量：

$$Q_{req(VI)} = \frac{Q_{VI}}{K} \tag{3-20}$$

式中：$Q_{req(VI)}$——稀释烟雾所需的排风量（m^3/s）；

$\quad\quad K$——烟雾稀释系数。

（4）所需风机台数的计算

①自然风阻力的计算：

$$\Delta p_m = \left(1 + \zeta_e + \lambda_r \frac{L}{D_r}\right) \frac{\rho}{2} v_n^2 \tag{3-21}$$

$$D_r = \frac{4A_r}{C_r} \tag{3-22}$$

式中: ζ_e——隧道入口损失系数;

　　　λ_r——隧道壁面摩阻损失系数;

　　　D_r——表示隧道断面直径;

　　　A_r——隧道净空断面面积;

　　　C_r——隧道断面周长;

　　　ρ——空气密度(kg/m^3);

　　　v_n——自然风引起的风速(m/s)。

②交通风阻力的计算:

$$\Delta p_t = \frac{A_m}{A_r} \frac{\rho}{2} n (v_t - v_r)^2 \tag{3-23}$$

式中: Δp_t　——交通风阻力(N/m^2);

　　　A_m——汽车等效阻抗面积;

　　　n——隧道内的汽车数;

　　　v_t——与风速同向的车速;

　　　v_r——当前需要提高的风速(m/s)。

③通风阻抗力:

$$\Delta p_r = \left(1 + \zeta_e + \lambda_r \frac{L}{D_r}\right) \frac{\rho}{2} v_r^2 \tag{3-24}$$

式中: Δp_r——通风阻抗力(N/m^2)。

④隧道内压力平衡条件:

$$\Delta p_m + \Delta p_r = \Delta p_t + \sum \Delta p_j \tag{3-25}$$

式中: Δp_j——每台风机产生的压力(N/m^2)。

⑤风机台数的计算:

$$N_F = \frac{\Delta p_r + \Delta p_m - \Delta p_t}{\Delta p_j} \tag{3-26}$$

式中: N_F——所需要的风机数。

4)公路隧道通风系统数学模型

公路隧道通风系统的数学模型分为空气动力学模型、交通模型、污染物模型和控制模型。空气动力学模型为通风系统提供风机设备,控制模型在污染物模型和交通模型的基础上得出控制指令,并利用控制指令对风机的开启和关闭进行控制,从而控制整个通风系统通风量。因此,空气动力学模型、交通模型、污染物模型是控制模型的基础。四种模型的关系如图3-20所示。

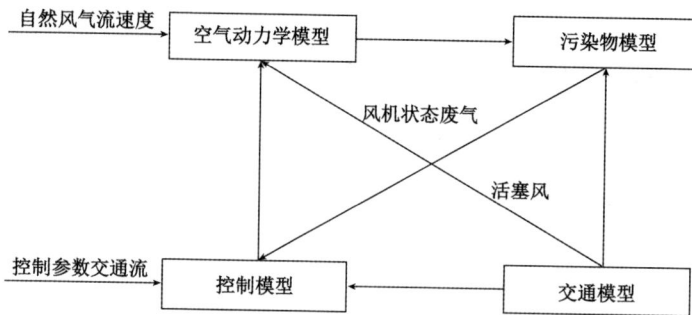

图3-20　通风系统数学模型的相互关系

（1）空气动力学模型

在忽略空气的压缩性的基础上，根据牛顿第二定律可以计算出空气流动的加速度：

$$\frac{\mathrm{d}v_r}{\mathrm{d}t} = \frac{F_t}{M} \tag{3-27}$$

$$F_t = \Delta p_t + \sum \Delta p_j - \Delta p_m - \Delta p_r \tag{3-28}$$

$$M = A_r \cdot L \cdot \rho \tag{3-29}$$

式中：F_t——射流风机群总压力、自然风阻力、交通通风阻力、通风阻抗力的合力。

（2）污染物模型

假设污染物浓度是一维分布，由差分方程可以计算隧道内污染物的浓度随时间、空间的变化：

$$\frac{\partial c}{\partial t} = -v_r \frac{\partial c}{\partial x} + D \frac{\partial^2 c}{\partial^2 t} + q \tag{3-30}$$

式中：c——污染物浓度；

　　　D——隧道内污染物的扩散系数；

　　　q——受时间和空间影响的污染物的产生量。

（3）交通模型

交通模型包括交通量、车速、车辆类型等，其受很多因素影响，是一个随机数据。其模型的建立比较复杂。

①车流基本模型

从宏观来说，把车流简单看作不可压缩的均匀液体，则有下面的交通量模型：

$$Q = v \cdot K \tag{3-31}$$

式中：Q——车流量（辆/h）；

v——车流速度(km/h);

K——车流密度(辆/km)。

②交通波波速方程

将车流连续性方程写成离散方程,则有:

$$\frac{\Delta K}{\Delta t} + \frac{\Delta Q}{\Delta x} = 0 \qquad (3\text{-}32)$$

公式经过变形,得:

$$W = \frac{Q_1 - Q_2}{K_1 - K_2} \qquad (3\text{-}33)$$

式中:W——交通波波速(km/h),W 为正时表示交通波向前传播,W 为负时表示交通波向后传播;

Q——不同交通流的流量(辆/h);

K——不同交通流的密度(辆/km)。

③交通流数学模型的建立

在保证车辆匀速行驶且交通波向前传播的情况下,有以下数学模型:

$$W = \frac{Q_1 - Q_2}{K_1 - K_2} \qquad (3\text{-}34)$$

$$v = AQ^2 + BQ + C = A(v \cdot K)^2 + B \cdot v \cdot K + C \qquad (3\text{-}35)$$

5)隧道通风节能具体控制方案

具体实施:可部署传感器实时检测隧道内 CO 浓度、车速、交通量、风向风速等信息,反馈到管理计算机中,通过数据分析处理,调用智能控制数学模型,给出风机进行开启、关闭、调速的控制指令,从而实时控制隧道内的通风情况,不仅保证隧道内行车的安全性,而且减少传统人工控制通风系统带来的电能浪费。通风控制如图 3-21 所示。

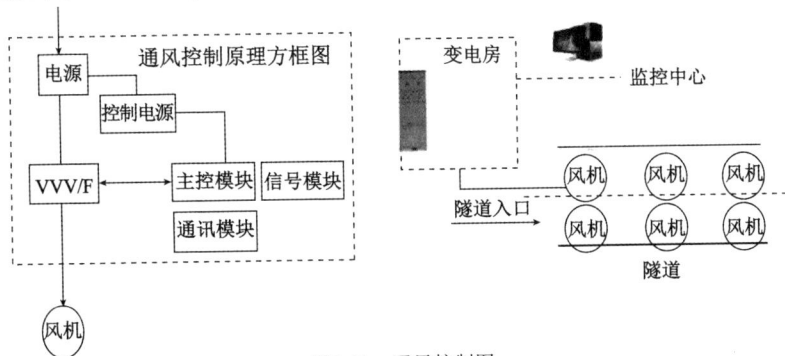

图 3-21 通风控制图

3.4.4 照明与通风综合节能控制

由于隧道本身的特殊构造,隧道内的烟雾浓度较大,因此,对隧道照明产生一定的影响。日本的《隧道照明指南》特别注明各项规定均以烟雾浓度 $K_1 = 7 \times 10^{-3}/m$ 为准。国际道路协会(PIARC)十八届世界会议(1987,布鲁塞尔)的隧道委员会相关报告也明确指出亮度要求与烟雾浓度 K_1 之间的关系(未见到更新的成果),如表3-4所示。

亮度要求与烟雾浓度 K_1 之间的关系   表3-4

停车视距	烟雾浓度 $K_1(m^{-1})$	
(m)	5×10^{-3}	9×10^{-3}
60	1	2
100	5	15
160	10	—

可以看出,烟雾浓度对亮度要求的影响非常大,当停车视距为100m时,如果烟雾浓度从 $5 \times 10^{-3}/m$ 增加到 $9 \times 10^{-3}/m$,则亮度要求将会提高3倍。

因此,在进行照明设计时,需要考虑通风影响,同时还要确定照明与车速、交通量的关系,寻找一个通风与照明节能的最佳组合方案。

1)照度与交通量及速度的关系

根据《公路隧道照明设计细则》(JTG/T D70/2-01—2014),入口段根据洞外亮度分级,当 $v_设 = 40km/h$ 和 $60km/h$ 时,分为5级;$v_设 = 80km/h$ 和 $100km/h$ 时,分为6级。对《公路隧道照明设计细则》(JTG/T D70/2-01—2014)相关内容进行回归,可得到车速与照度的关系式:

$$L_入 = 0.00056v - 0.0107 \qquad Q > 2400 辆/h \qquad (3-36)$$
$$L_入 = 0.000425v - 0.0085 \qquad Q < 700 辆/h \qquad (3-37)$$

根据规范,当交通量在700~2400时,采用内插法,从而可得车速、交通量、照度的关系式:

$$L_入 = (0.628v - 0.0022Q + 0.000135vQ - 12.91)/1700 \qquad (3-38)$$

对于基本段,当交通量在700~2400辆/h时,按《公路隧道照明设计细则》(JTG/T D70/2-01—2014)表4.2.1规定的80%取值,其他情况直接按《公路隧道照明设计细则》(JTG/T D70/2-01—2014)的规定取值。

2)速度与能见度的关系

能见度的大小对行车安全影响很大。对最大能见度进行控制,是为了满足

行车停车视距,能见度是停车距离的倒数,停车距离可按下式计算:

$$S = \frac{vt}{3.6} + \frac{kv^2}{254(\varphi \pm i)} + l_0 \qquad (3-39)$$

式中:v——计算行车速度(km/h);

    t——反映时间,取 1.2s;

    k——安全系数,可取 1.2 ~ 1.4;

    φ——摩擦系数,可取 0.4;

    i——道路纵坡,车辆行进方向为上坡时 i 取"+"号,下坡时 i 取"-"号;

    l_0——车辆停下时与障碍物之间的安全距离。

式(3-39)有两个变量,速度 v 和摩擦系数 φ。当速度一定时,停车距离取决于摩擦系数。摩擦系数的大小又与速度、路面类型(沥青路面或混凝土路面)、天气状况密切相关。摩擦系数随着速度的增加而降低,对潮湿路面尤为显著。虽然隧道内一般都是干燥的,但当下雨时在洞口附近摩擦系数会显著变小。

公式是速度与能见度的通用表达式。为了方便使用,根据《公路隧道照明设计细则》(JTG/T D70/2-01—2014)规定的不同速度时要求的能见度,回归可得如下关系式:

$$K = 0.0008x + 0.0055 \qquad (R^2 = 0.9143) \qquad (3-40)$$

$$K = 0.0003x^2 - 0.0005x + 0.0068 \qquad (R^2 = 0.9857) \qquad (3-41)$$

$$x = 6 - v/20 \qquad (3-42)$$

式中:K——能见度(m^{-1});

    v——设计车速(km/h)。

3)速度与亮度的关系

根据《公路隧道照明设计细则》(JTG/T D70/2-01—2014)规定的不同速度时要求的亮度,回归可得如下关系式:

$$L = -2.45x + 10.5 \qquad (R^2 = 0.9043,高交通量) \qquad (3-43)$$

$$L = 0.875x^2 - 6.825x + 14.875 \qquad (R^2 = 0.9966,高交通量) \qquad (3-44)$$

$$L = -0.8x + 4.25 \qquad (R^2 = 0.7529,低交通量) \qquad (3-45)$$

$$L = 0.5x^2 - 3.3x + 6.75 \qquad (R^2 = 0.9882,低交通量) \qquad (3-46)$$

式中:L——亮度(cd/m^2);

    x——意义同前。

4)能见度与亮度的关系

根据《公路隧道照明设计细则》(JTG/T D70/2-01—2014)的规定值,高交通量时亮度与能见度的回归关系式为:

$$L = 0.0174x^4 - 0.4051x^3 + 3.3507x^2 - 12.036x +$$
$$18.083 \quad (R^2 = 0.9994) \tag{3-47}$$

低交通量时亮度与能见度的回归关系式为：
$$L = 0.0233x^4 - 0.4102x^3 + 2.6411x^2 - 7.3925x +$$
$$9.1367 \quad (R^2 = 0.9999) \tag{3-48}$$

$$x = \frac{K - 0.006}{0.0005} \tag{3-49}$$

式中：K——能见度（m^{-1}）；

L——亮度（cd/m^2）。

5）回归公式精度分析

由表3-5～表3-9可见，关系式的回归精度都比较高，可以满足工程需要。

速度与能见度关系的公式计算值与规范值比较　　表3-5

速度 （km/h）	K规范值 （m^{-1}）	计算K值（m^{-1}）/ 相对误差值（%） （$R^2 = 0.9143$）	计算K值（m^{-1}）/ 相对误差值（%） （$R^2 = 0.9857$）
100	0.0065	0.0063/3.0769	0.0066/1.5384
80	0.007	0.0071/1.4285	0.007/0
60	0.0075	0.0079/5.3333	0.008/6.6667
40	0.009	0.0087/3.3333	0.0096/6.6667

高交通量时速度与亮度关系的公式计算值与规范值比较　　表3-6

速度 （km/h）	L规范值 （cd/m^2）	计算L值（cd/m^2）/ 相对误差值（%） （$R^2 = 0.9043$）	计算L值（cd/m^2）/ 相对误差值（%） （$R^2 = 0.9966$）
100	9	8.05/10.5556	8.925/0.8333
80	4.5	5.6/24.4444	4.725/5.00
60	2.5	3.15/26.00	2.275/9.00
40	1.5	0.7/53.00	1.575/5.00

低交通量时速度与亮度关系的公式计算值与规范值比较　　表3-7

速度 （km/h）	L规范值 （cd/m^2）	计算L值（cd/m^2）/ 相对误差值（%） （$R^2 = 0.7529$）	计算L值（cd/m^2）/ 相对误差值（%） （$R^2 = 0.9882$）
100	4	3.45/13.75	3.95/1.25
80	2	2.65/32.50	2.15/7.50
60	1.5	1.85/23.333	1.35/10.00
40	1.5	1.05/30.00	1.55/3.3333

高交通量时能见度与亮度关系的公式计算值与规范值比较　　表3-8

速度 （km/h）	L 规范值 （cd/m²）	计算 L 值 （cd/m²）	计算 L 值相对误差值
100	9	9.01	0.0011111
80	4.5	4.4514	−0.0108
60	2.5	2.603	0.0412
40	1.5	1.541	0.0273333

低交通量时能见度与亮度关系的公式计算值与规范值比较　　表3-9

速度 （km/h）	L 规范值 （cd/m²）	计算 L 值 （cd/m²）	计算 L 值相对误差值
100	4	4.0084	0.0020956
80	2	2.0273	0.0134662
60	1.5	1.571	0.0451941
40	1.5	1.5149	0.0098356

4 公路隧道节能软件应用平台

隧道机电设施控制与节能一体化信息平台在对隧道机电设施进行实时监控的同时,提升运营管理效率和降低运营能耗。其功能除应包含一般中长隧道监控系统的基本功能,同时增加能源优化及专家决策系统,具体参考图4-1。

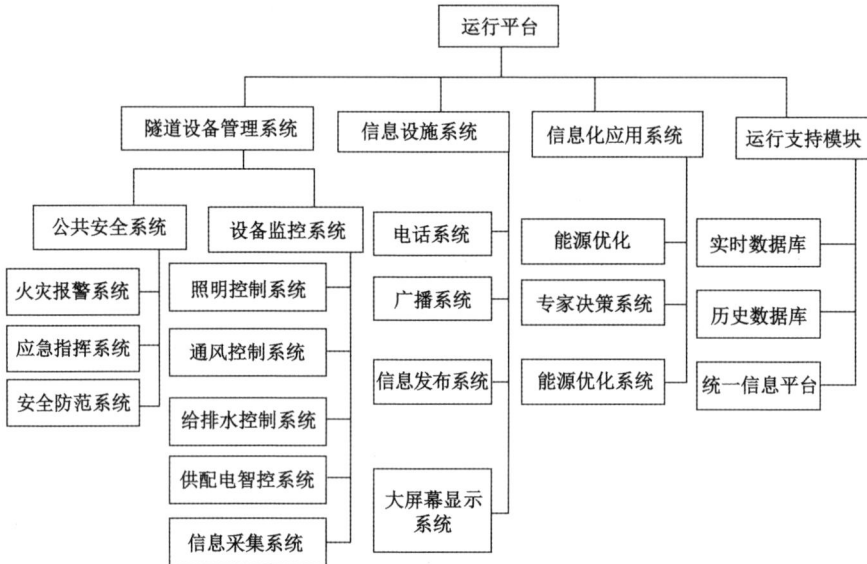

图4-1 隧道机电设施控制与节能一体化信息平台功能构成

4.1 软件基本特性

(1)系统软件宜采用 C/S + B 的组态化软件,具有开放架构的软件体系,支持多层平台模式,每一层具有设计独立性、逻辑相关性及可扩展性。

(2)软件设计框架采用开放软件结构、组件技术和面向对象的实时数据库技术。采用完全汉化的图形人机界面,可平台共享和部件重用,支持工业控制系统常用通信协议的连接,提供双向 OPC 功能、TCP/IP 协议和 DDE 通信方式;支持 ODBC、JDBC、ADO、ADO. net 等接口。

(3)软件具有专业化的图形开发工具,能够简单快速地创建画面,可以真实形象地反映现场设备的实际状况。

4.2　软件系统结构

隧道机电设施控制与节能一体化信息平台主要由中心管理层(包含监管层、数据处理层、存储层、通信层)、设备控制层、设备层组成,如图 4-2 所示。下面对各层的工作过程和功能做详细介绍。

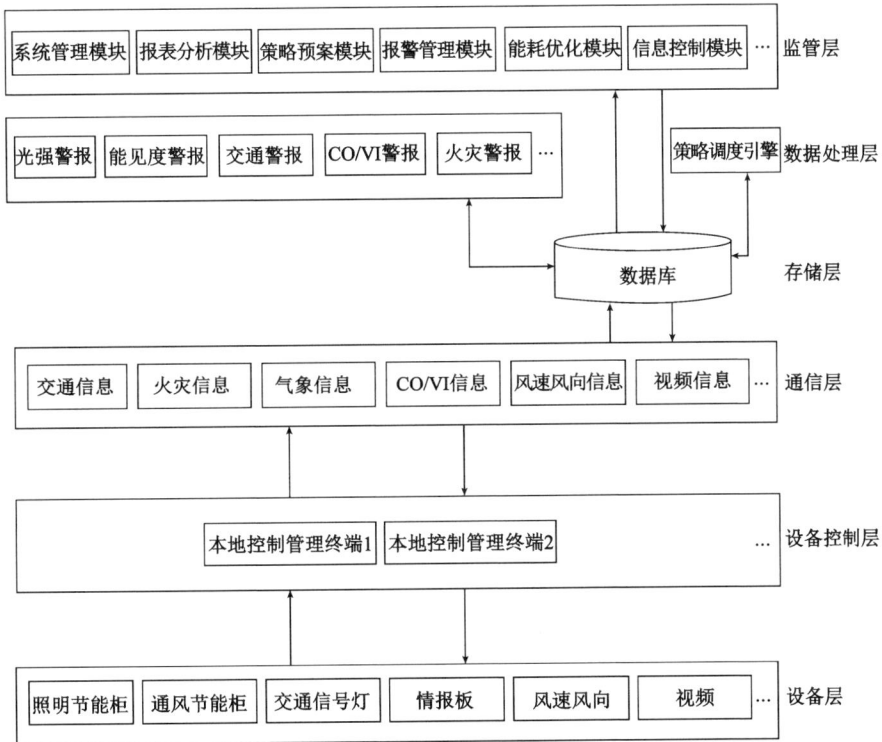

图 4-2　隧道机电设施控制与节能一体化信息平台结构图

4.2.1　管理层

管理层包含数据储存、处理及信息监管功能,称为中央计算机系统,包括监控中心的各种控制计算机、服务器、DLP 大屏幕投影设备,以及监视器、地图板、矩阵和硬盘录像机等,按照双机冗余结构设计,服务器分为 1 台主服务器,1 台

87

冗余服务器。通过以太网外接地图板、视频分配器、CCTV 视频切换矩阵控制器、扫描仪、打印机、投影仪等。管理层通过通信计算机从区域控制器收集从传感器检测出的交通信息、环境信息,并对收集的信息进行处理,分析交通运行状况、环境指标状况;同时对现场的检测信号和控制信号实现控制和管理,并协调各子系统的联动控制;此外,管理层还有实现能源管理、能源审计、专家决策、通风照明控制评估与选择、消防减灾、提供数据仓库、完成数据存储与备份、数据库恢复功能;提供报表查询、打印功能;提供 Web 服务,实现远程浏览功能。

整个系统的监控通过交换机和管理终端组成的以太网交换网络实现。信息监控管理系统软件运行于现场监控工作站上,并不断与区域控制器、主控制柜交换数据,把所有设备的当前状态以颜色、闪烁、数值等方式实时显示在操作界面上,并由信息监控管理系统软件将相关命令、参数写入区域控制器,实现设备的智能联动控制。

4.2.2　控制层

控制层是由本地控制管理终端、区域控制器、以太网交换机和光缆组成的冗余光纤环网组成。

本地控制管理终端是整个隧道智能管理系统的核心部分,是监控中心与现场设施数据交互的核心,它把现场设备的各类信息规约转换成监控中心能够识别的数据信号。其工作时接受光度仪、CO 检测器、风向探测仪等现场设备的环境状况、交通量等反馈信号,进行预处理,并将信号传输至监控中心,监控中心输出控制信号,通过通信系统传输到各个现场设备,用于控制通风系统、照明系统、供配电系统等子系统。此外,当中心计算机出现意外故障时,本地控制管理终端可以自主完成对隧道现场设备的基本控制,实现对隧道的整体监控和管理,保障系统的可靠性。

本地控制管理终端具有以下功能:

(1)收集现场设备的检测信息;

(2)对收集的信息进行预处理,并传输给中心控制计算机;

(3)接收控制中心的控制命令,并对现场设备进行控制管理;

(4)当线路中断时,存储未能传输给上位机的信息。

4.2.3　设备层

中心计算机通过本地控制管理终端对设备层进行控制和管理。设备层包括以下子系统:

（1）交通诱导子系统

交通诱导系统由线圈车辆检测器、交通信号灯、车/人行横洞指示灯等构成，根据现场设施采集到的交通流参数值判断隧道内的交通流状态，通过控制信号灯、入口限速标志调整隧道内的交通流，并判断交通诱导方案是否安全有效，是否满足隧道现行的交通状态。

（2）照明系统

照明系统由车辆检测仪、光度测试仪、照明控制柜等构成。根据隧道洞口外的检测仪获取的亮度信息实时进行隧道内光线调整，保证隧道行车安全。

（3）通风系统

通风系统由能见度检测仪、风速风向检测仪、CO/VI 检测仪、通风风阀控制设备构成，根据现场设备测得的 CO 浓度、能见度值控制风机的运行工况，从而保证隧道内的通风条件。当发生火灾时，可以根据火灾发生的位置、大小、自然风风向等来控制风机的开启台数及风量。

（4）火灾报警系统

从隧道内火灾检测器或者视频图像检测系统中得到火灾报警信息，控制火灾现场最近的摄像机，将火灾图像切换到监控室，指挥现场灭火及逃生。

（5）消防安全系统

消防安全系统由卷帘门控制设备和消防水池水位控制设备构成，可实时显示消防水池水位状态、水源水位状态、消防水泵工作和故障状态，并且根据需要打开或关闭防火卷帘门，开启喷淋系统。

（6）紧急电话与广播系统

当出现意外事件可以通过紧急电话向监控室传达信息，监控室也可以通过广播系统对全隧道进行语音信息传达。

（7）闭路电视监控系统

闭路电视监控系统主要由摄像机、视频光端机和光缆构成。通过隧道内安装的众多摄像机监控隧道情况，当有意外情况发生时，临近摄像机将现场图像传达到监控室，进而输出控制命令，对事故情况进行控制和处理。

5 公路隧道综合节能评价体系

5.1 公路隧道机电设施节能建设的影响因素

公路隧道机电设施节能建设可以分为管理手段和技术手段。其中管理手段主要是指制度建设。技术手段是指在设计阶段设计是否合理及是否采用了节能优化设计,在运营阶段是否进行了机电设施运行节能控制及维护。从基本理论而言,机电设施节能建设的影响因素主要包括环境、设备、人、方法四个方面,如图 5-1 所示。

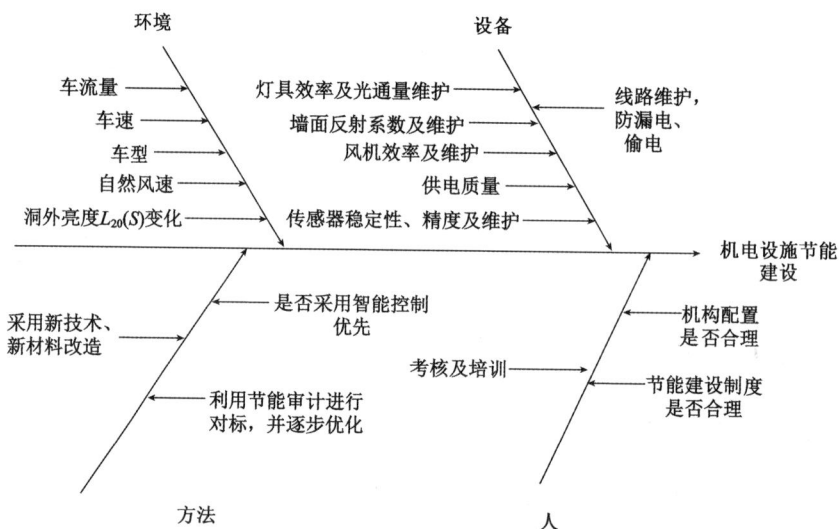

图 5-1　机电设施节能建设影响因素鱼骨图

5.2 评价体系的构建

基于公路隧道建设节能减排的繁杂性、复杂性,构建公路隧道节能建设评价指标体系应符合系统性、科学性、实用性和独立性原则。从节能建设内容范畴来看,可分为目标和措施两大块。其中,目标包括基于影响公路隧道建设节能的相关因素和评价指标体系构建原则,研究引入多级综合评价指标,建立四层次的公路隧道建设节能评价指标体系,如图5-2所示。

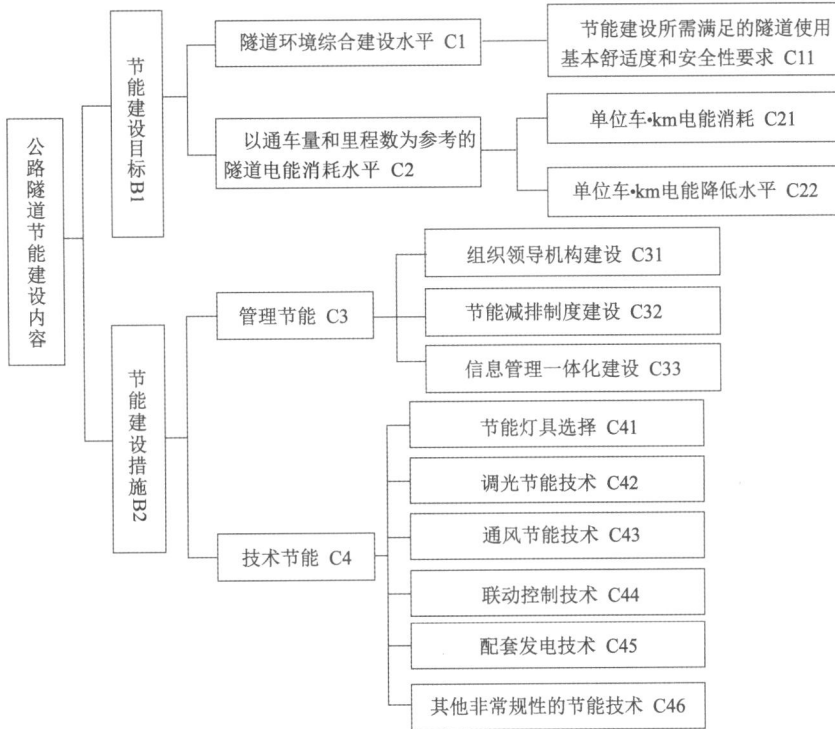

图5-2 公路隧道建设节能评价指标体系

第一层为目标层,即公路隧道节能建设内容;第二层为对象层,包括节能建设目标和节能建设措施2项因素,因素集为 $B = \{B1, B2\}$;第三层为指标层,包括隧道环境综合建设水平、以通车量和里程数为参考的隧道节能评价、管理节能、节能技术4项因素,因素集为 $C = \{C1, C2, C3, C4\}$;第四层为分指标层,是对指标层的具体细化分解,共12项因素,因素集为 $C = \{Ci1, Ci2, \cdots, Cin\}$,其中,$i = 1, 2, 3, 4; n = 1, 2, \cdots, 6$。

对象层第一因素集 B1:节能建设目标。对公路隧道建设节能进行评价的一个很重要的目的就是考核其运营期是否将电能消耗控制在一个合理水平,是否完成节能减排的基本任务。

对象层第二因素集 B2:节能建设措施。针对具体的公路隧道工程,评价是否采取科学合理的手段,实现节能减排的目标和任务。

指标层第一因素 C1：隧道环境综合建设水平。隧道环境建设是指在满足隧道基本舒适度和安全性要求的前提下进行的节能建设，在此基础上才能够进行评价。

指标层第二因素 C2：以通车量和里程参数为参考的隧道电能消耗水平。国内目前对公路隧道运营电能消耗水平研究尚未考虑交通量因素，不能真实反映电能消耗的运用效率，如部分高速公路群交通量小，但电能消耗巨大的情况极为突出。将交通量引入公路隧道电能消耗水平因素集，有利于评价结果更为科学、合理、客观。

指标层第三因素集 C3：管理节能。管理节能是指从养护管理和运行管理角度出发，提高公路隧道用电设施的使用效率，降低用电设施的能耗数量，对公路隧道运营节能减排具有极其重要的指导作用。该因素集包括组织领导机构建设、节能减排制度建设、信息管理一体化建设。

指标层第四因素集 C4：技术节能。技术节能又称效率节能，是指通过对机电设施的节能改造或优化设计后使公路隧道运营节能体系技术升级，在确保公路隧道运营安全的前提下，有效降低公路隧道运营能耗。

技术节能 C4 是本书讨论的重点，本章将以当前技术现状和研究结果为参考依据来进行技术节能评价。

5.3 评价方法分类

对隧道节能水平的评价，原则上可以从横向对比和纵向对比两种不同角度进行。

（1）横向对比评价

用于评估不同隧道的节能水平差别。通过对某一区域的多条隧道当前的节能水平进行横向对比，来帮助判断和决策哪些隧道需要优先进行节能建设。

（2）纵向对比评价

用于评估某一隧道在节能改造建设后的节能水平提升效果。通过对同一隧道中不同节能建设方案的纵向对比，来指导在该隧道进行节能改造建设前的招标和方案选择。在工程完成后，也应该通过纵向对比评价来评估验收节能建设的成效。

5.3.1 横向评价方法

由于不同隧道的车流量、地形、天气状况均可能存在较大差异，往往不能简单进行能耗数据对比,如有必要应专门设计排除差异的计算方法来帮助提高评价的客观性。可按照系统类别进行总量评价。

1)公路隧道照明系统评价

在进行照明系统节能等级评价时,从差异排除角度考虑,建议排除接近段、入口段、过渡段、出口段照明系统,仅基于"基本段"照明系统的数据来进行评价。

不同长度的隧道基本段与接近段、入口段、过渡段、出口段的长度比例是不同的。由于接近段、入口段、过渡段、出口段的能耗和所在地天气、隧道采光、平均车流量、平均车速等隧道个体样本特征关系很大,因此在公路隧道照明系统的能耗评估中如果包含接近段、入口段、过渡段、出口段,将很难进行统一标准的横向对比。

可采用"照明节能评分"来表示公路隧道照明系统的节能评价,公式为:

$$照明节能评分 = \frac{隧道基本段路面总面积 \times 路面平均亮度}{基本段照明总功率}$$

照明节能评分的单位为 cd/W,即单位照明功率能提供的隧道路面有效光强。该指标可以反映照明系统灯具终端、照明控制、灯具配光和布灯设计的综合效果。该指标值越大,代表节能效果越好。

常规的照明节能评估一般采用照明功率密度(LPD)指标。LPD 是场所单位面积的照明安装功率。LPD 限值是国家依据节能方针从宏观上做出的规定。因此要求照明设计中实际的 LPD 值应小于或等于标准规定的 LPD 最大限值。如果相等,说明是"合格"的设计;如超出则是"不合理"设计。《城市道路照明设计标准》(CJJ 45—2015)规定了 4 种城市道路 12 项 LPD 值。但《公路隧道照明设计细则》(JTG/T D70/2-01—2014)并未对具体的 LPD 提出规范性要求。考虑到不同隧道的照明亮度需求可能存在差别,在目前没有明确的国家详细标准情况下,依据公路隧道照明系统设备的额定功率与其实际能够输出的光强进行对比,获得相对的能耗指标,是一种比 LPD 更为细致和合理的方案。

2)通风系统评价

隧道通风的能耗需求和隧道长度相关,也与隧道宽度(车道数)相关,可用通风节能评分来表示公路隧道通风系统的能量使用效率,即:

$$通风节能评分 = \frac{隧道路面总面积}{通风总功率}$$

通风节能评分单位为 m²/kW。该指标数值越高,代表节能效果越好。

3）整体系统评价

整体系统评价是一种对隧道整体节能水平的横向对比评价方式。评价时首先选定一条隧道，划分评价周期（建议以隧道进行节能改造前后各取一年进行对比），并统计各周期内的隧道能耗总量和运营周期内车程总量，计算公式为：

$$整体节能评分 = \frac{能耗总量}{运营周期内车程总量}$$

整体节能评分的单位为 kW·h/（百万车·km）。通过评估来掌握不同隧道节能水平。整体节能评分越低的隧道，其整体节能效果越好。

需要强调的是，只有当接受评价的多个隧道地形环境类似，天气状况、车流量状况相近时，才能得到较为合理的参考指标。如接受评价的各隧道在上述状况上差距很大，其评价结果将不具有客观性。

5.3.2 纵向评价方法

纵向评价通过计算某一公路隧道的能耗水平，与该隧道上年度、上季度、上月对比，从而分析其节能改造前后的节能效果。

1）单项节能建设评价

在对公路隧道节能改造的必要性进行评估时，应首先对其进行节能建设的单项节能技术评价。依照评价体系，单项节能建设可从灯具节能、调光节能、通风节能、联动节能、发电节能等方面进行差量评价。

2）系统总量评价

能耗下降率是一种对隧道整体节能水平的纵向对比评价方式。系统总量评价通过对进行节能建设前后某一周期内的系统节能评分分别进行独立计算，并对比求得能耗下降率。计算公式为：

$$能耗下降率 = \frac{\sum 前一统计期内能耗 - \sum 当前统计期内能耗}{\sum 前一统计期内能耗}$$

能耗下降率适用于评价某一隧道整体节能改建工程取得的效果。车程能耗下降率数值越大，代表此节能改建工程的整体价值越高。

5.4 单项节能差量评价

单项节能差量评价的思路是以公路隧道节能技术的节能率为核心指标，可以直观地看出采用某一节能技术之后和不采用该节能技术时相对比的差量。本书将以现阶段已报道的文献中提取数据统计为依据，从灯具、调光、通风、联动、发电不同技术角度对公路隧道的节能技术进行分项评价。

5.4.1 灯具节能

现阶段可用于隧道照明的灯具包括以高压钠灯为代表的传统气体放电灯具,和以 LED 灯为代表的新型半导体节能灯具,也有少数利用 LEP 灯、无极灯等改进的气体放电灯具作为隧道照明灯具。整体而言,LED 灯具具有最好的节电率,也具有非常好的综合性能,如高显色性、快速反应机制、无毒、无污染、安全可靠、寿命长等。高压钠灯为代表的传统气体放电灯具节能性较差,但价格低廉。LEP 灯、无极灯等改进的气体放电灯具比高压钠灯有更高的节电率,但其存在光衰严重等问题,有可能影响照明的综合质量。

灯具节能的评估方法以全高压钠灯的体系为基准,通过照明系统整体灯具的有效节电率来进行评估。从现有的技术和案例来看,如表 5-1 所示,如果采用全 LED 灯照明,最大节电率可以达到 40% 以上。如果采用混合照明方案,采用 LED 灯与高压钠灯搭配,或者加入无极灯、LED 灯等照明方式,可以降低建设成本,但系统的节电率将无法最大化。

部分 LED 灯具节能案例

表 5-1

案　　例	节能方案	参考方案	节能率(%)
渝宜高速公路云阳奉节段隧道	LED 灯具	高压钠灯	42
富广砚高速公路董来隧道	LED 灯具	高压钠灯	41
西商高速公路黄沙岭隧道	LED 灯具	高压钠灯	41
宁强至棋盘关高速公路隧道	LED 灯具	高压钠灯	40
广乐高速公路大瑶山隧道	LED 灯具	高压钠灯	40
多拉麻科杂多高速长拉山隧道	LED 灯具	高压钠灯	40
广乐高速公路沙口隧道	LED 灯具	高压钠灯	40
平度市茶山隧道	LED 灯具	高压钠灯	40
谷竹高速公路大坪山隧道	LED 灯具	高压钠灯	36
沈海高速公路麻岙岭隧道	LED 灯具	高压钠灯	33
安徽黄塔桃高速公路隧道	LED 灯具	高压钠灯	30
川黔高速公路叙岭关隧道	LED 灯具	高压钠灯	25
黔灵山公路隧道	LED 灯具	高压钠灯	25
常吉高速公路小隧道	LED 灯具	高压钠灯	20
沪昆高速公路黄果树隧道	LED 灯具	高压钠灯	20
黄塔桃六武高速公路隧道	LED 灯具	高压钠灯	15

依据调研数据及其分布情况,制定隧道照明灯具节能等级的参考标准为:以高压钠灯为参考基准,节电率高于30%,节能等级为A;节电率在20%~30%范围,节能等级为B;节电率低于20%,节能等级为C。

5.4.2 调光节能

根据《公路隧道照明设计细则》(JTG/T D70/2-01—2014),从区域上隧道照明段可分为接近段、入口段、过渡段、中间段、出口段,过渡段又可以划分为亮度依次递减的三个照明段。最新规范中建议隧道照明应该采用实时调光系统。

无级调光是基于LED灯具的高级照明控制方法,因高压钠灯等气体放电灯的调节延迟很大,故实时调光较难执行且效果不够理想,部分调光节能案例如表5-2所示。对于LED照明系统,可以依据隧道自适应照明原理,将隧道设计为分段照明方案,并通过实时环境反馈的信息来进行控制调光,结合洞外天气和亮度、车流量、车速等实时数据,通过控制LED灯电源的输出电流,调节其输出功率,可以有效提高照明方案的节电率。

部分调光节能案例 表5-2

案　　例	节能方案	参考方案	节能率(%)
巴陕高速公路前家山隧道	LED灯无级调光	高压钠灯	80
广州东二环高速公路龙头山隧道	LED灯无级调光	高压钠灯	42
申嘉湖高速公路青山坞隧道	钠灯镇流器调光	高压钠灯	30

依据调研数据及其分布情况,制定隧道照明灯具节能等级参考标准为:在应用LED灯无级调光的基础上,以高压钠灯为参考基准,节电率高于60%,节能等级为A;节电率在40%~60%范围,节能等级为B;节电率低于40%,节能等级为C。

5.4.3 通风节能

通风系统的现代控制方法不仅要考虑污染物浓度的变化,还要考虑交通量、车速对其的影响,此外还有隧道长度、形状、气候等影响。

隧道通风系统的控制模型是在空气动力学模型、污染物模型、交通模型的基础上建立的,根据有关参数发出控制指令来控制风机的运行,进而达到高效节能通风的目的。部分通风节能案例如表5-3所示,可采用传统的PID控制或者模糊控制的方法,可根据具体工程的控制复杂度选择合理模型。

部分通风节能案例   表5-3

案　例	节能方案	参考方案	节能率(%)
常吉高速公路岩门界隧道	变频调速	传统控制	5
深圳市坪西一级公路迭福山隧道	模糊控制	传统控制	10
成渝高速公路中梁山隧道	模糊控制	传统控制	20
上海市越江隧道	射流风机诱导式纵向通风	传统控制	25

依据调研数据及其分布情况,制定隧道通风节能等级参考标准为,以传统控制为参考基准,节电率高于20%,节能等级为A;节电率在10%～20%范围,节能等级为B;节电率低于10%,节能等级为C。

5.4.4 联动节能

公路隧道一体化联动智能节能技术,是将传统隧道的照明、通风、供电管理等独立设施,交由统一的控制中心来控制的技术。控制中心结合实时的环境信息与内部预先设置好的算法,计算得到当前最优参数,其核心是算法模块。通过一体化联动技术,系统可以对隧道的机电设备进行统一控制,以获得系统整体上的优化节能效果。部分联动节能案例如表5-4所示。

部分联动节能案例   表5-4

案　例	节能方案	参考方案	是否节能
武汉市阅马场隧道	智能联动	传统控制	是
上海市大连路越江隧道	智能联动	传统控制	是
万开高速公路隧道	智能联动	传统控制	是
南京市玄武湖隧道	智能联动	传统控制	是
清连高速公路石仓岭公路隧道	智能联动	传统控制	是

已有资料中,一体化联动节能的案例尚缺乏大面积的节电率公开数据。从技术原理上来看,可以将联动节能和单一的照明节能、通风节能进行比较,直接以照明、通风两个现有节能模块的数据作为评价标准,而不必对联动节能给出一个新的附加评价。此外作者在槐尖山隧道进行了示范工程建设,一体化节能系统覆盖了照明、通风和供电管理环境。交互的信息通过本地在线设备和中间数据库实现。第一手资料表明,通过近16个月的运行,该示范案例实现了照明节能46%、通风节能38%的良好效果。

5.4.5 发电节能

发电节能主要通过在公路隧道配套体系中使用绿色能源,使用如太阳能、风能、光纤照明、压力发电等在公路隧道中供能,其中最常用的是太阳能配套系统。太阳能电池将所接收的光能转换为电能,经充电电路对蓄电池进行充电,蓄电池将电能转换为化学能储存;天黑后太阳能电池无光能输入,充电电路停止工作,蓄电池再将化学能转换为电能输出到照明灯。全天控制系统的电源一直由蓄电池供给。部分发电节能案例如表 5-5 所示。

部分发电节能案例 表 5-5

案　　例	节能方案	参考方案	节　能　率
六潜高速公路狮子尖隧道	太阳能＋风能	传统外部电源	20%
烟台市通世路隧道	太阳能	传统外部电源	未知
吉林省朝长公路花园隧道	太阳能	传统外部电源	未知

发电节能的本质是增加供能手段,虽然这样理论上可以完全不使用外界电源,从而达到 100% 的节能率,但从成本管理的角度来看,隧道自配套发电系统的发电成本往往高于大型电站的发电成本,其系统局部节电率并不意味着全社会角度意义上的真正节能。因此,发电节能类方案不宜定量计入公路隧道节能评估体系,仅宜作为定性的参考。

5.5　系统总量评价

系统总量评价的思路是以单位面积公路隧道的能耗(功率)为核心指标来进行评价。系统总量评价可以直观地反映公路隧道机电设施系统的能耗情况。"能耗系数"作为总量评价的指标。所谓能耗系数,指的是单位面积公路隧道达到相应的系统效果时所对应的机电系统能耗功率。

在这一评价体系中,本书在对河北省已有公路隧道进行大范围抽样调查的基础上,以抽样调查中提取的数据统计为依据,从照明系统和通风系统两个角度来对隧道的能耗进行分项评价。

5.5.1 照明系统

在进行照明系统评价时,首先必须考虑到不同长度的隧道,其基本段与接近段、入口段、过渡段、出口段的长度比例是不同的。因此,照明系统的节能评价排除了接近段、入口段、过渡段、出口段，而基于"基本段照明"这一较为稳定、有横向可比性的照明段来进行。

本书作者对河北省公路隧道照明系统节能指数进行了抽样统计，统计情况如表 5-6 所示。

河北省公路隧道照明系统节能指数抽样统计数据　　　　　　　表 5-6

路　　段	隧道名称	隧道类型	节能指数
承秦（承德段）	岔沟门隧道	短隧道	0.62
承秦（承德段）	武场隧道	短隧道	0.64
承秦（承德段）	吴杖子隧道	中隧道	0.91
承秦（承德段）	西营子隧道	短隧道	0.91
承秦（秦皇岛段）	叶杖子隧道	短隧道	0.92
承秦（承德段）	胡杖子隧道	中隧道	1.10
张石（保定段）	太平梁隧道	长隧道	1.11
张石（保定段）	云蒙山一号隧道	长隧道	1.12
张石（保定段）	紫荆关一号隧道	长隧道	1.12
张石（保定段）	二道河隧道	长隧道	1.13
张石（保定段）	云蒙山三号隧道	长隧道	1.14
承秦（承德段）	头道沟一号隧道	长隧道	1.15
承秦（秦皇岛段）	罗汉洞Ⅱ号隧道	中隧道	1.15
承赤	烧锅隧道	长隧道	1.16
承秦（承德段）	黄土梁子隧道	中隧道	1.17
张石（保定段）	紫荆关二号隧道	特长隧道	1.17
承秦（承德段）	西山隧道	中隧道	1.18
承秦（承德段）	双洞子隧道	长隧道	1.22
承赤	黄地沟隧道	中隧道	1.22
承秦（秦皇岛段）	西山隧道	长隧道	1.22
承秦（秦皇岛段）	广茶山Ⅲ隧道	中隧道	1.23
承赤	西平台隧道	长隧道	1.27
承赤	大松树沟隧道	长隧道	1.28
承赤	头道沟隧道	长隧道	1.28
承秦（承德段）	超梁沟隧道	长隧道	1.35
邢汾	坡底隧道	中隧道	1.45

续上表

路　段	隧道名称	隧道类型	节能指数
承秦(承德段)	东山隧道	长隧道	1.46
张涿(张家口段)	黑山隧道	长隧道	1.61
张涿(张家口段)	煤窑山隧道	长隧道	1.64
承秦(承德段)	广东山隧道	长隧道	1.64
承赤	七家1号隧道	短隧道	1.78
承赤	两家隧道	短隧道	1.96
承赤	七家2号隧道	短隧道	1.98
承赤	过河口隧道	中隧道	2.04
承赤	霍家沟隧道	中隧道	2.08
承赤	扁担沟隧道	长隧道	2.10
承赤	曹家沟隧道	长隧道	2.12
承赤	茅荆坝隧道(河北侧)	特长隧道	2.12
承赤	南沟隧道	特长隧道	2.12
张涿(张家口段)	宋家庄	短隧道	2.21
张石(保定段)	紫荆关四号隧道	特长隧道	2.24
承赤	前进隧道	短隧道	2.31
承赤	钓鱼台2号隧道	中隧道	2.33
张涿(保定段)	北庄隧道	中隧道	2.36
张涿(保定段)	下庄隧道	中隧道	2.37
承秦(秦皇岛段)	磨盘山隧道	中隧道	2.37
张涿(张家口段)	卧佛寺隧道	短隧道	2.38
张石(保定段)	紫荆关三号隧道	特长隧道	2.39
承秦(秦皇岛段)	杨树林隧道	长隧道	2.39
承秦(秦皇岛段)	朱杖子隧道	长隧道	2.41
承秦(秦皇岛段)	焦杖子隧道	中隧道	2.43
承秦(秦皇岛段)	青石岭隧道	中隧道	2.43
承秦(秦皇岛段)	青松岭隧道	中隧道	2.44
承赤	李家营1号隧道	中隧道	2.44
承秦(秦皇岛段)	广茶山Ⅰ隧道	中隧道	2.48

续上表

路　　段	隧道名称	隧道类型	节能指数
张涿(保定段)	南台一号隧道	中隧道	2.51
承赤	钓鱼台1号隧道	短隧道	2.53
张涿(保定段)	南台三号隧道	中隧道	2.53
承赤	钓鱼台3号隧道	中隧道	2.56
张涿(保定段)	林里隧道	长隧道	2.57
张涿(保定段)	东马各庄隧道	长隧道	2.59
张涿(保定段)	南安庄隧道	长隧道	2.61
承秦(秦皇岛段)	广茶山Ⅱ隧道	短隧道	2.61
张涿(保定段)	西马各庄隧道	长隧道	2.61
承赤	李家营2号隧道	长隧道	2.63
承赤	前营子隧道	长隧道	2.63
张涿(保定段)	松树口隧道	长隧道	2.65
张涿(保定段)	都衙隧道	特长隧道	2.68
张涿(保定段)	南峪隧道	特长隧道	2.68
张涿(保定段)	北龙门隧道	特长隧道	2.69
张涿(保定段)	李家铺隧道	特长隧道	2.71
承赤	大庙隧道	特长隧道	2.75
张石(保定段)	浮图峪四号隧道	短隧道	2.76
张石(保定段)	浮图峪三号隧道	短隧道	2.76
张石(保定段)	云蒙山二号隧道	中隧道	2.76
承秦(秦皇岛段)	茶叶洞隧道	中隧道	3.39
张涿(保定段)	庄子隧道	短隧道	3.53
张石(保定段)	塔崖驿隧道	中隧道	5.34
张石(保定段)	浮图峪五号隧道	中隧道	5.34
张石(保定段)	西岭隧道	短隧道	5.51
承秦(秦皇岛段)	槐尖山隧道	长隧道	3.94
邢汾	黄岩子隧道	长隧道	3.62

　　以当前节能技术水平为基础,参考河北省公路隧道节能指数抽样统计数据,建议河北省公路隧道照明系统节能分级标准参考表5-7。

河北省公路隧道照明系统节能评价标准　　　　　　表 5-7

照明节能评分	<3.0	3.0~5.9	6.0~9.0	>9.0
照明节能等级	D	C	B	A
样本隧道数	76	5	0	2

河北省现有公路隧道照明系统节能指数抽样数据统计结果表明,公路隧道照明节能评分差距很大,说明节能水平参差不齐。绝大部分隧道的照明系统节能等级仅为 D 级,尚有很大的升级改造空间。

5.5.2　通风系统

隧道通风的能耗需求和隧道长度相关,也与隧道宽度(车道数)相关。可用通风能耗系数来表示公路隧道通风系统的能量使用效率,即:

$$通风能耗系数 = \frac{隧道路面总面积}{通风总功率}$$

通风能耗系数单位 m^2/kW。该指标的数值越高,代表节能效果越好。本书作者对河北省公路隧道通风系统节能指数进行了抽样统计,统计情况如表 5-8 所示。

河北省公路隧道通风系统节能指数抽样统计数据表　　　　表 5-8

路　　段	隧道名称	位　　置	通风方式	节能指数
承秦(承德段)	双洞子隧道	左幅	机械通风	20.6
承秦(承德段)	双洞子隧道	右幅	机械通风	20.8
承赤	大庙隧道	右幅	机械通风	23.0
承赤	大庙隧道	左幅	机械通风	24.1
承秦(秦皇岛段)	青石岭隧道	左幅	全射流风机	24.6
承赤	扁担沟隧道	左幅	机械通风	25.7
承秦(秦皇岛段)	青石岭隧道	右幅	全射流风机	26.0
承赤	西平台隧道	右幅	机械通风	26.8
承赤	西平台隧道	左幅	机械通风	27.6
承秦(秦皇岛段)	焦杖子隧道	左幅	全射流风机	28.5
承秦(秦皇岛段)	焦杖子隧道	右幅	全射流风机	28.9
承秦(承德段)	超梁沟隧道	左幅	机械通风	29.1
承秦(承德段)	超梁沟隧道	右幅	机械通风	29.5
承赤	过河口隧道	左幅	机械通风	29.7

路　　段	隧道名称	位　　置	通风方式	节能指数
承赤	大松树沟隧道	右幅	机械通风	29.8
承秦(秦皇岛段)	杨树林隧道	左幅	全射流风机	30.5
承秦(秦皇岛段)	程家沟隧道	左幅	全射流风机	31.0
承秦(秦皇岛段)	杨树林隧道	右幅	全射流风机	31.1
承秦(秦皇岛段)	西山隧道	右幅	全射流风机	31.1
承赤	茅荆坝隧道(河北侧)	右幅	机械通风	31.1
承赤	大松树沟隧道	左幅	机械通风	31.3
承秦(秦皇岛段)	西山隧道	左幅	全射流风机	31.5
承赤	过河口隧道	右幅	机械通风	31.8
承赤	前营子隧道	左幅	机械通风	33.3
承赤	头道沟隧道	右幅	机械通风	33.6
承秦(秦皇岛段)	朱杖子隧道	右幅	全射流风机	33.8
承秦(秦皇岛段)	朱杖子隧道	左幅	全射流风机	33.9
承赤	扁担沟隧道	右幅	机械通风	33.9
承赤	李家营2号隧道	左幅	机械通风	34.4
承赤	头道沟隧道	左幅	机械通风	35.3
承赤	前营子隧道	右幅	机械通风	35.4
承赤	李家营2号隧道	右幅	机械通风	35.7
承赤	南沟隧道	右幅	机械通风	36.0
张石(保定段)	紫荆关1号隧道	左幅	纵向式通风	36.4
承赤	锥子山4号隧道	右幅	机械通风	36.4
承赤	南沟隧道	左幅	机械通风	36.6
张石(保定段)	二道河隧道	右幅	纵向式通风	36.8
张石(保定段)	二道河隧道	左幅	纵向式通风	36.9
承赤	钓鱼台3号隧道	左幅	机械通风	36.9
承赤	锥子山4号隧道	左幅	机械通风	37.0
承秦(秦皇岛段)	槐尖山隧道	左幅	射流风机	76.1
承秦(承德段)	东山隧道	左幅	机械通风	39.1
承赤	钓鱼台3号隧道	右幅	机械通风	39.9
承朝	东营子隧道	左幅	射流通风	42.4

路　段	隧道名称	位　置	通风方式	节能指数
承朝	东营子隧道	右幅		43.6
承赤	曹家沟隧道	左幅	机械通风	43.8
承朝	祥云岭隧道	右幅		45.1
张石(保定段)	紫荆关1号隧道	右幅	纵向式通风	45.1
张石(保定段)	云蒙山1号隧道	左幅	纵向式通风	45.3
承朝	祥云岭隧道	左幅	射流通风	45.9
承赤	烧锅隧道	左幅	机械通风	46.2
承朝	桥杖子隧道	左幅	射流通风	46.3
承朝	桥杖子隧道	右幅		46.3
承秦(秦皇岛段)	槐尖山隧道	右幅	射流风机	90.79
承秦(承德段)	广东山隧道	左幅	机械通风	47.1
承秦(承德段)	广东山隧道	右幅	机械通风	47.2
承朝	保神庙隧道	左幅	射流通风	47.5
承朝	保神庙隧道	右幅		47.8
承朝	磬锤峰隧道	右幅		49.2
承赤	曹家沟隧道	右幅	机械通风	49.3
承朝	磬锤峰隧道	左幅	射流通风	50.0
张石(保定段)	云蒙山3号隧道	左幅	纵向式通风	50.1
承秦(秦皇岛段)	程家沟隧道	右幅	射流风机	51.2
承赤	烧锅隧道	右幅	机械通风	51.9
张石(保定段)	紫荆关3号隧道	右幅	纵向式通风	52.0
张涿(张家口段)	煤窑山隧道	左幅		54.9
承秦(承德段)	东山隧道	右幅	机械通风	55.7
承朝	长逢沟隧道	左幅	射流通风	57.4
承朝	长逢沟隧道	右幅		58.4
张石(保定段)	紫荆关3号隧道	左幅	纵向式通风	59.1
张石(保定段)	紫荆关4号隧道	左幅	纵向式通风	59.2
张石(保定段)	云蒙山1号隧道	右幅	纵向式通风	60.5
张石(保定段)	太平梁隧道	左幅	纵向式通风	61.8
张涿(张家口段)	分水岭隧道	右幅		62.9

路　段	隧道名称	位　置	通风方式	节能指数
张石(保定段)	浮图峪5号隧道	左幅	纵向式通风	63.5
张石(保定段)	浮图峪5号隧道	右幅	纵向式通风	63.5
张涿(张家口段)	分水岭隧道	左幅		63.8
张石(保定段)	太平梁隧道	右幅	纵向式通风	65.1
承朝	小杨树沟隧道	左幅	射流通风	65.2
承朝	小杨树沟隧道	右幅		66.3
张石(保定段)	紫荆关4号隧道	右幅	纵向式通风	67.2
张石(保定段)	云蒙山3号隧道	右幅	纵向式通风	69.0
张涿(张家口段)	黑山隧道	右幅		74 9
承唐(承德段)	五道岭隧道	右幅	射流风机	78.7
承唐(承德段)	王杖子隧道	左幅	射流风机	80.4
承唐(承德段)	五道岭隧道	左幅	射流风机	80.6
承唐(承德段)	王杖子隧道	右幅	射流风机	80.6
张涿(张家口段)	黑山隧道	左幅	射流风机	82.1
张涿(保定段)	松树口隧道	右幅	射流风机	86.2
张涿(保定段)	松树口隧道	左幅	射流风机	87.0
张涿(保定段)	北龙门隧道	左幅	射流风机	93.2
张涿(保定段)	南台1号隧道	左幅	射流风机	95.1
张涿(保定段)	南安庄隧道	左幅	射流风机	100.8
张涿(张家口段)	煤窑山隧道	右幅		101.3
张涿(保定段)	南台1号隧道	右幅	射流风机	101.7
承唐(承德段)	北大山隧道	右幅	射流风机	103.8
承唐(承德段)	北大山隧道	左幅	射流风机	105.2
张涿(保定段)	南台3号隧道	左幅	射流风机	107.8
张涿(保定段)	南台3号隧道	右幅	射流风机	110.4
张涿(保定段)	北龙门隧道	右幅	射流风机	110.9
张涿(保定段)	李家铺隧道	右幅	射流风机	124.6
张涿(保定段)	李家铺隧道	左幅	射流风机	125.7
张涿(保定段)	林里隧道	右幅	射流风机	128.3
承唐(承德段)	小凿子岭隧道	右幅	射流风机	128.9

路　　段	隧道名称	位　　置	通风方式	节能指数
张涿(保定段)	都衙隧道	左幅	射流风机	129.3
张涿(保定段)	都衙隧道	右幅	射流风机	129.4
承唐(承德段)	小凿子岭隧道	左幅	射流风机	130.5
张涿(保定段)	林里隧道	左幅	射流风机	133.6
张涿(保定段)	南峪隧道	右幅	射流风机	138.4
张涿(保定段)	南峪隧道	左幅	射流风机	139.5
张涿(保定段)	南安庄隧道	右幅	射流风机	139.9
张涿(保定段)	东马各庄隧道	左幅	射流风机	144.0
张涿(保定段)	东马各庄隧道	右幅	射流风机	144.5

以当前节能技术水平为基础,参考河北省公路隧道通风系统节能指数抽样统计数据,建议河北省公路隧道通风系统节能分级标准参考表5-9。

公路隧道通风系统节能评价标准　　　　　　　　　　　表5-9

通风节能评分	低于70分	70~99分	100~130分	高于130分
通风节能等级	D	C	B	A
样本隧道数	82	10	14	9

河北省现有公路隧道通风系统节能指数抽样数据统计结果表明,公路隧道通风节能评分差距很大,说明节能水平参差不齐。绝大部分隧道的通风系统节能等级仅为D级,尚有很大的升级改造空间。

5.6　本章小结

本章进行了公路隧道节能评价方法的研究。由于目前国内外缺乏统一的公路隧道节能评价标准,在讨论了公路隧道节能影响因素、评估体系的构建思路的基础上,重点进行了技术节能评价方法研究,以横向、纵向两个维度为指导,分别对公路隧道节能评价方法(单项节能差量评价、系统总量评价)进行阐述。

横向对比评价通过对某一区域的多条隧道当前的节能水平进行横向对比,用于评估不同隧道的节能水平差别,帮助判断和决策哪些隧道需要优先进行节能建设。纵向对比评价通过对同一隧道中不同节能建设方案的纵向对比,来指导在该隧道进行节能改造建设前的招标和方案选择。单项节能差量评价的思路是以公路隧道节能技术的节能率为核心指标,可以直观地看出采用某一节能技术之后和不采用该节能技术时相对比的差量,体现了该节能技术的增量价值。系统总量评价的思路是以单位面积公路隧道的能耗(功率)为核心指标来进行评价,系统总量评价可以直观反映公路隧道机电设施系统的能耗情况,体现该公路隧道的能耗技术水平。

6 公路隧道综合节能技术建设实践

6.1 概　　况

6.1.1 应用工程概述

承秦高速公路秦皇岛段有 6 条隧道,分别是叶杖子隧道、北大沟隧道、南大沟Ⅰ号隧道、南大沟Ⅱ号隧道、程家沟隧道、槐尖山隧道。隧道洞外亮度在 3500cd/m² 左右,隧道净高 7m,灯具距离 5.2m,沥青路面,单向双车道,速度 80km/h,每小时交通流量大于 2400 辆。隧道情况详见表 6-1。

承秦高速公路秦皇岛段隧道情况　　　　　表 6-1

序号	名称	位置	方案	里 程 桩 号		长度（m）	隧道之间的距离（m）
1	叶杖子隧道	左幅	小净距隧道	LK153＋974	LK154＋304	330	—
		右幅		RK153＋988	RK154＋262	274	—
2	北大沟隧道	左幅	分离式隧道	LK161＋088	LK161＋700	612	6784
		右幅		RK161＋070	RK161＋736	666	6808
3	南大沟Ⅰ号隧道	左幅	分离式隧道	LK162＋584	LK162＋718	134	884
		右幅		RK162＋438	RK162＋762	324	702
4	南大沟Ⅱ号隧道	左幅	分离式隧道	LK162＋898	LK163＋438	540	18
		右幅		RK162＋944	RK163＋456	512	18
5	程家沟隧道	左幅	分离式隧道	LK164＋240	LK166＋318	2078	802
		右幅		RK164＋220	RK166＋508	2288	764
6	槐尖山隧道	左幅	分离式隧道	LK182＋422	LK185＋032	2610	16104
		右幅		RK182＋414	RK185＋008	2594	15906

隧道附属设施由交通监控子系统、闭路电视监视子系统、火灾自动报警子系统、隧道通风照明节能控制子系统、电力监控子系统、紧急电话子系统、指令电话

子系统、有线广播子系统等构成。

6.1.2 隧道一体化综合节能系统架构

隧道一体化综合节能统筹整体,从隧道能耗定额、能耗预测、节能潜力、能源审计等方面,通过系统决策程序进行评价,得出合理的节能运行指令和节能规划,指导隧道高效运行与管理。

隧道一体化综合节能系统采用分级管理的模式,通过建立多平台,多系统下的统一管理平台,实现对所有系统内的路监控中心和隧道管理所监控主机及监控设备进行统一有序的协调、管理。而各隧道管理所在服从路监控中心调度指挥的同时,也在自身职能范围内管理和调度其所管辖各隧道内的监控设备,从而达到集中与分散相结合的多级用户管理模式。系统管理子系统进行数据交换,实现资源共享,可调用其他子系统的数据和界面,方便管理与操作。其中交通监控、闭路电视监视、火灾自动报警、紧急电话、指令电话、有线广播子系统为独立的子系统;通风照明控制、电力监控在逻辑上相对独立,在业务管理上系统构成上则合成一体。

6.1.3 隧道一体化综合节能设计理念

隧道能源管理与控制系统的建设是一项复杂的系统工程,包括软件部分和硬件部分,涵盖了各子系统的基本功能,虽然每个子系统可以独立工作,但是还需要在隧道能源管理与控制系统的整体协调下工作,才能达到最佳的节能效果、发挥管理与控制的最大作用。因而其间的各个子系统既是相互独立,又是相互依赖的。在设计方案时需要采取统一规划、分层、分模块化设计思路,所以在具体设计时除了考虑到技术上的可行性和经济上合理性外,还必须遵循实用性、标准化、可靠性与安全性、先进性和易管性。

6.2 照明系统的节能设计

6.2.1 照明配置参数的相关计算

1)隧道照明分段

按照本书作者研究成果,隧道的长度和驾驶员视觉适应能力的特点将其划分为入口段、过渡段1、过渡段2、过渡段3、中间段、出口段6个区段。进入洞口时,暗适应时间约10s;出洞口时,亮适应时间为1~3s;坡度暂不考虑,隧道内净高 7m。

2）计算各段的照明长度

（1）入口段：长度 84m。

（2）过渡段：$L_{tr1} = 72m$，$L_{tr2} = 89m$，$L_{tr3} = 133m$。

（3）出口段：长度为 60m。

（4）中间段：隧道总长度 - 入口段长度 - 过渡段长度 - 出口段长度 = 中间段长度。

对于短隧道照明一般只包括入口段、过渡段、出口段，无中间段照明，照明用电量集中在加强照明上。

（5）速度为 80km/h 时计算的各段长度详见表 6-2。

表 6-2

速度为 80km/h 时计算的各段长度统计表

隧道名称	位置	最高车速（km/h）	入口段（m）	过渡段 1（m）	过渡段 2（m）	过渡段 3（m）	中间段（m）	出口段（m）	隧道暗洞总长度（m）
叶杖子隧道	左洞	80	84.00	72.00	82.00	—	—	60.00	298.00
	右洞	80	84.00	72.00	26.00	—	—	60.00	242.00
北大沟隧道	左洞	80	84.00	72.00	89.00	133.00	150.00	60.00	588
	右洞	80	84.00	72.00	89.00	133.00	196.00	60.00	634
南大沟Ⅰ号隧道	左洞	80	74.00	—	—	—	—	60.00	116
	右洞	80	84.00	72.00	92.00	—	—	60.00	308
南大沟Ⅱ号隧道	左洞	80	84.00	72.00	89.00	133.00	82.00	60.00	520
	右洞	80	84.00	72.00	89.00	133.00	58.00	60.00	496
程家沟隧道	左洞	80	84.00	72.00	89.00	133.00	1582.00	60.00	2020.00
	右洞	80	84.00	72.00	89.00	133.00	1834.00	60.00	2272.00
槐尖山隧道	左洞	80	84.00	72.00	89.00	133.00	2140.00	60.00	2578.00
	右洞	80	84.00	72.00	89.00	133.00	2124.00	60.00	2562.00
合计	右洞	81	998.00	792.00	912.00	1064.00	8166.00	720.00	12634.00

3）各段亮度、照度计算

本书中研究的公路隧道的路面为沥青路面，每小时车流量大于 2400 辆；平均亮度与平均照度之间的换算取为 1.6lx/（cd/m²）。

（1）中间段亮度

车速为 80km/h 情况：中间段亮度 4.5cd/m²，中间段照度为 $4.5 \times 16 = 72$（lx）。

（2）入口段亮度

本书中各隧道的洞外亮度建议按 $3500cd/m^2$ 取值。

当两座隧道间的行驶时间按计算行车速度考虑小于30s，且通过前一座隧道内的行驶时间大于30s时，后续隧道入口段亮度折减率可按表6-3取值。

后续隧道入口段亮度折减率   表6-3

两隧道之间行驶时间(s)	<2	<5	<10	<15	<30
后续隧道入口段亮度折减率(%)	50	30	25	20	15

南大沟 I 号隧道出口与南大沟 II 号隧道入相距20m，行车时间小于2s，所以可取50%的折减率。

车速为80km/h的情况入口段亮度：$0.035 \times 3500 = 122.5(cd/m^2)$，照度为1960lx。

（3）过渡段亮度

车速为80km/h的过渡段亮度与照度。

过渡段1：$0.3 \times 122.5 = 36.75(cd/m^2)$，照度为588lx。

过渡段2：$0.1 \times 122.5 = 12.25(cd/m^2)$，照度为196lx。

过渡段3：$0.035 \times 122.5 = 4.29(cd/m^2)$，照度为68.64lx。

（4）出口段亮度

驾驶员的亮适应时间在 1~3s，根据规范，出口段的亮度为是中间段的5倍即可。

车速为80km/h的情况：出口段亮度为 $22.5cd/m^2$，中间段照度为360lx。

隧道各段亮度/照度统计表见表6-4。

隧道各段亮度/照度统计表   表6-4

车速	入口段	过渡段1	过渡段2	过渡段3	中间段	出口段
80km/h	$122.5cd/m^2$	$36.75cd/m^2$	$12.25cd/m^2$	$4.29cd/m^2$	$4.5cd/m^2$	$22.5cd/m^2$
	1960lx	588lx	196lx	68.64lx	72lx	360lx

6.2.2 灯具类型的合理选择

本书中选用隧道专用LED灯作为主要照明灯具。按照本书研究成果，隧道基本照明采用LED灯两侧对称布置在隧道两侧壁上，加强照明段LED灯两侧对称布置在隧道侧壁上。

6.2.3 照明灯具的配置间距计算

车速为 80km/h 时 LED 照度计算见表 6-5。

车速为 80km/h 时 LED 照度计算表　　　　　表 6-5

灯具功率	光通量（lm）	利用系数	维护系数	路面宽度（m）	灯具间隔（m）	布置系数	路面平均水平照度（lx）	要求的照度（lx）
入口段对称布置:180W	17950	0.88	0.75	8	1.5	2	1974.5	1960
过渡段 1 对称布置:80W	7200	0.88	0.75	8	2	2	594.0	588
过渡段 2 对称布置:28W	2610	0.88	0.75	8	2	2	215.3	196
过渡段 3 对称布置:56W	5400	0.88	0.75	8	12	2	74.3	68.64
中间段对称布置:28W	2610	0.88	0.75	8	6	2	71.8	72
出口段对称布置:56W	5400	0.88	0.75	8	2.5	2	356.4	360

6.2.4 照明节能控制设备的配置

(1)采用直流悬浮传输技术远供 LED 灯具。

(2)采用热插拔、软均流技术实现模块化装置,该设备可根据不同负载情况,电源模块周期性轮休,具有冗余设置,实现不熄灯更换和转接。

(3)采用具有灵活组网的 CAN 总线分布式数字控制,内置通信接口。

对于 LED 灯具的节能控制采用照明节能控制设备,在隧道左洞和右洞内的入口段加强照明配电箱、过渡段加强照明配电箱、基本照明配电箱及出口段加强照明配电箱内依据照明回路数量及功率分别增加照明节能设备。

6.2.5 照明线路布设和接线

隧道内的加强照明、基本照明、应急照明线路均应分回路布设,灯具分为 A、B、C 交错接入线路,这样接线的好处:当一配电线路出现故障后,不会影响整条支路的照明,而且有利于调光。

6.2.6　照明调光控制系统

隧道照明控制是根据气候条件、照度、速度及交通量流等实时数据,通过软件自动进行分级控制。照明调光控制系统利用隧道内外设置的照度检测仪,以及检测到的隧洞内外的光强度、交通流量与车流速度,控制隧道出入口附近的加强段和适应段的照明强度,控制隧道中间段与出口段的照明强度,使驾驶员能尽快适应隧道内外的光强度变化,消除因光强变化所引起的视角障碍,减少事故障发生,降低能源消耗,延长灯具使用寿命。

对于自动调光控制,驾驶员的适应曲线和距离取决于洞内外亮度的差值和车速,一般采取一个停车视距。在隧道入口处和洞内设置光照度计,一台设在距离隧道洞口的距离为行速度安全制动距离,测量在隧道中心200m范围的亮度;其余的分别设在隧道内入口段、过渡段和出口段。将自动检测的洞内外光亮度值送入工作站进行分析,数据经处理后由工作站下发调光指令,形成一个闭环控制。亮度调节范围应设有上限值和下限值,当采用实时控制方案光检测器发生故障时,监控工作站应自动转入时序控制。

6.3　通风控制系统的节能设计

隧道通风控制采用计算机自动检测控制和手动控制两种方式。自动控制以隧道环境实时检测值与预定值标准值对比发出风机启动、风量调节、或停止指令,特殊情况时按计算机处理的通风方案确认后执行。手动控制方式可分别在通风工作站及节能控制柜上完成。

隧道一体化综合节能系统通过通风系统工作站对隧道内 VI/CO、烟雾、洞外的风向和风速等参数进行综合分析,再向现场的通风节能控制柜发出开机、停机或调节风量的指令进行闭环调节,以达到既安全又节能的目的。在控制过程中,还需考虑交通流量和交通车速等因素,如交通拥堵时,通风量要比正常的要大一些,CO浓度还要降低一个等级,才能确保安全。

6.3.1　单洞风机节能柜的配置

依据隧道内左洞和右洞射流风机的数量和功率确定风机节能柜的数量和功率。

6.3.2 隧道通风照明检测器件的配置

每个隧道的左洞和右洞均需配置 VI/CO 检测仪、风速风向检测仪、亮度检测仪、车速检测仪、车流量检测仪。这些仪器将现场的 VI/CO 信号、风速风向信号、亮度信号、车速和车流量信号预处理后,传至相应的工作站,作为照明及通风自动控制的参考信号,以实现照明及通风系统的自动节能控制功能。隧道检测器件的配置如下(如果隧道监控系统已配置可综合利用)。

(1)洞内环境参数的检测器:VI/CO,2 套。

(2)风速风向检测仪:WS,2 套。

(3)亮度检测仪:4 套。

(4)车速检测仪:2 套。

(5)车流量检测仪:2 套。

6.4 公路隧道综合节能系统的应用

隧道一体化综合节能系统根据隧道用能的特性,分别从通风、照明、供电及管理方面实施一体化节能解决方案。通过建立交通流量预测模型、空气动力学模型、污染物扩散模型、快速过渡型人眼适用光学模型,采用智能模糊控制器、智能管理系统及亮度自适应控制 LED 新光源,对隧道内的风机和灯光进行智能调控,从管理和技术角度实现最大化节能。

6.4.1 隧道节能系统的硬件组成

(1)路监控中心和隧道管理所需配置各种子系统的服务器、工作站、交换机、路由器、光端机、网络通信柜、显示器、大屏幕 LED、UPS 应急电源等设备。

(2)隧道左洞和右洞相应各段需配置 LED 照明灯具、隧道专用通风机、照明节能控制柜、通风节能控制柜、配电柜、各类型的传感检测装置、视频摄像头、光端机等设备。

(3)各个子系统的现场数据均采用独立的光纤通信线路直接传输到隧道管理所的局域网络,子系统之间一般不能共用一条通信线路,子系统内部各设备可以采用混合形式的通信线路。

(4)各个隧道管理所通过光纤或专有网络连接到隧道管理集控中心。

6.4.2 路监控中心节能软件系统功能

(1)设备运行状况实时监控管理。监控中心可对主要设备(如车检器、照明灯具、信号灯、风机、紧急电话、广播、水泵、电站、限速板、情报板等)、网络运行状况进行实时监测与管理,并能报告监测结果。

(2)设备台账管理功能。管理人员可对设备台账信息进行自由添加、修改、查询、打印、导出各种类型的报表文档等操作。

(3)关键设备维护保养自动提醒功能。一旦设备开始运行,该系统将开始记录设备的运行累计时间。根据设备平均无故障时间以及历史维修记录等,系统进行分析,并以声音、报警栏和图标颜色变化方式自动提醒用户关注或更换设备。

(4)能自动记录所有操作的功能。具有对控制操作的日志记录功能,自动记录所有的操作。在对操作人员进行操作权限的认证后可按控制员、时间、控制命令对日志进行检索查询,也可以浏览、打印日志。

(5)电力监控功能。该系统前端采集三相电流、电压、频率、功率因数、有功功率、无功功率、温度、分合闸状态等数据,监测设备运行状态,在状态异常时自动发出报警信号,实现各种保护功能。

(6)通风、照明的控制。根据隧道内的空气浓度、车流量以及隧道内外的亮度,监控中心可远程对风机及照明灯进行控制,包括风机的开、关、正转、反转,以及加强照明、基本照明、节电照明等的选择,实现节能。

(7)交通诱导功能。根据车检器、CO/VI 等仪器检测与分析,并结合摄像机的监控画面,在发生交通事故等紧急状况时,可利用情报板、广播、车辆指示标志等对车辆进行分流、诱导。

(8)交通事件检测。采用视频事件检测仪对隧道内交通事件、事故自动检测,包括车辆停驶、逆向行驶、交通拥堵、路面落物、抛洒等,能快速自动报警和录像,达到快速发现、及时处理,为隧道的交通安全管理和运营提供技术保障。

(9)能源管理与控制。实时对照明系统和通风系统的运行参数进行监测,结合交通流量及照度等参数进行综合分析,始终提供一种最优的节能运行方案。

对各用能设备进行能耗统计、分析,形成各种报表文件和趋势曲线,提供完善的指标体系,供用户查询和打印。

(10)能源专家决策系统。对各用能设备进行能耗统计、分析,形成各种报表文件和趋势曲线,提供完善的指标体系,自动生成优化决策方案,指导工作人员进一步优化系统运营。

(11)整条高速公路上的隧道联网及调度功能。

①高速公路的设置中心服务器上反映各条隧道地理位置、天气情况、隧道各

段的亮度、空气质量、车流量、电能消耗情况,方便管理与调度。

②报警功能:包括火灾、交通事故、交通拥塞等。

③调度功能:高速公路管理人员可根据上述信息对车流量进行调度控制。

④信息处理、决策功能:分析判断交通阻塞、事故及严重程度,隧道内各个设备异常、事故的状况,自动或者人工生成事故和异常处理方案,自动生成各种信息内容;各种数据、图像、语音的处理、编辑、储存;与有关部门(消防、警察、救护等)协调,控制功能监控系统能向驾驶员及时发出各信息用以诱导、控制交通流量、行车速度,保证交通的安全畅通。

(12)数据查询功能。将各种相关数据存入数据库,方便管理者事后查询分析,追溯原因。

(13)兼容功能。路监控中心节能软件编制过程中,已经对于已通车隧道监控系统进行大量调研和调试,系统方案、设备、软件、数据库结构和格式等方便充分考虑了通车路段原有隧道监控系统的兼容,实现90%的数据交换。

6.4.3　隧道管理所节能软件系统的构成

1)平台软件功能模块

(1)设备管理模块;

(2)能源管理模块;

(3)照明管理模块;

(4)通风管理模块;

(5)电力监控模块;

(6)视频监控模块;

(7)电话管理模块;

(8)交通管理模块;

(9)报警管理模块;

(10)系统管理模块。

2)照明系统节能软件功能模块

(1)照明线路及照明节能柜实时监控;

(2)远程启动和停止回路灯;

(3)远程调节回路亮度;

(4)照明方案的选择;

(5)根据照明方案下发运行指令;

(6)数据接收与转发;

（7）灯具用电统计；

（8）线路异常报警。

3）通风系统节能软件功能模块

（1）通风设备及通风节能柜线路实时监控；

（2）远程启动和停止风机；

（3）远程自动调节风量；

（4）控制策略曲线生成；

（5）VI/CO 监测；

（6）数据接收与转发；

（7）风机用电统计；

（8）线路异常报警。

6.5　槐尖山隧道综合节能技术应用

槐尖山隧道设计速度80km/h,洞高7.5m,洞宽10.5m,2 车道单向行车。桩号:左线 LK182 + 422 ~ LK185 + 032,总长 2610m,右线 RK182 + 414 ~ RK185 + 008,总长 2594m。路面采用沥青混合材料,墙面采用米黄色反光涂料,标线采用白色。依据承德至秦皇岛高速公路秦皇岛段工程可行性研究报告、承秦高速秦皇岛段两阶段施工图设计文件、国家规范及研究成果,采用如下设计。

6.5.1　照明对比方案

（1）全线采用智能调光 LED 灯,且纵向对称布灯。

（2）加强照明部分灯具选用隧道专用大功率(196W、168W、120W)灯具配光。基本照明部分选用普通的 60W 灯具配光。

（3）入口段采用大功率灯具布灯,且灯具采用定制140°出光配光透镜,近似于逆光照明设计。

（4）采用智能照明节能柜(含直流集中供电)对所有 LED 实施智能照明控制。

（5）由于路面为沥青材料及墙面为米黄色反光涂料,所以选择5000K 左右的 LED 色温。

（6）参考洞外亮度为3500cd/m² 设计指标。

（7）优化设计如表 6-6 ~ 表 6-9、图 6-1、图 6-2 所示。

左洞各照明区段 LED 灯优化设计功率

表 6-6

段落	灯具（套）					设计功率合计（kW）
	168W	140W	120W	84W	60W	
入口段	40	40	20	0	22	16.0
过渡段 1			48		18	6.8
过渡段 2					50	3.0
过渡段 3					26	1.6
中间段					504	30.2
出口段			14	6	14	3.0
合计	40	40	82	6	634	60.7

右洞各照明区段 LED 灯优化设计功率

表 6-7

段落	灯具（套）					设计功率合计（kW）
	196W	168W	120W	84W	60W	
入口段	84				24	17.9
过渡段 1		26			14	5.2
过渡段 2				16	16	2.3
过渡段 3					22	1.3
中间段					454	27.2
出口段				24	18	3.1
合计	84	26	0	40	548	57.1

槐尖山隧道 LED 优化布灯方案 2 长度划分表

表 6-8

名称	入口段 1（m）	入口段 2（m）	入口段 3（m）	过渡段 1（m）	过渡段 2（m）	过渡段 3（m）	中间段（m）	出口段 1（m）	出口段 2（m）	出口段 3（m）
左洞	37.20	28.80	20.00	63.00	63.00	50.00	2281.40	25.00	41.60	2610.00
右洞	37.20	28.80	20.00	63.00	63.00	50.00	2265.40	25.00	41.60	2594.00
合计	74.40	57.60	40.00	126.00	126.00	100.00	4546.80	50.00	83.20	5204.00

槐尖山隧道 LED 优化布灯方案 2 亮度、照度划分表

表 6-9

名称	入口段 1	入口段 2	入口段 3	过渡段 1	过渡段 2	过渡段 3	中间段	出口段 1	出口段 2
亮度（cd/m²）	118.13	90.63	56.25	36.75	12.25	7.50	4.50	11.25	22.50
照度(lx)	1890	1450	900	588	196	120	72	180	360

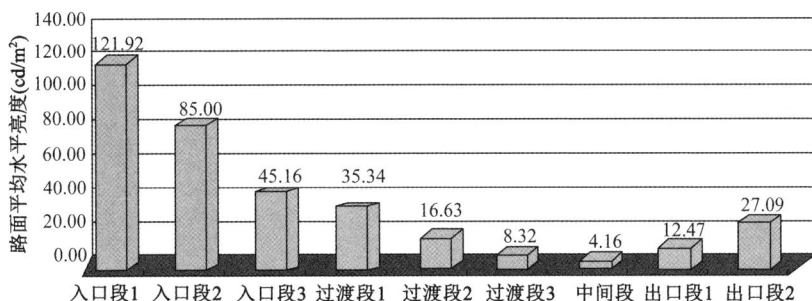

图6-1 优化布灯后的照度曲线(平滑过渡)

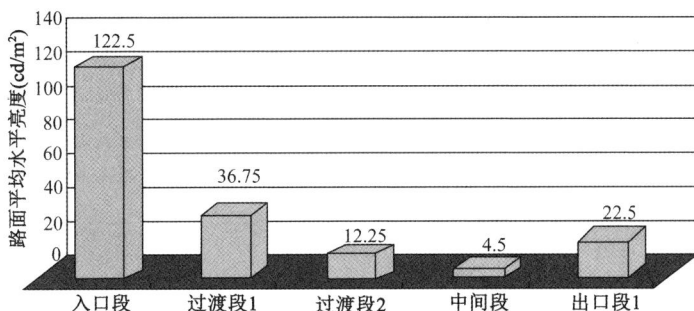

图6-2 未经优化布灯后的亮度曲线(阶梯过渡)

从表6-6～表6-9以及图6-1、图6-2中可以看出,经过优化布灯后洞内路面亮度实现了平滑过渡,解决了亮度骤降带来的行车安全问题。

由于入洞口的灯具采用大功率LED灯和特殊大角度配光(近似逆光照明),故根据研究理论可以相对降低照度要求,故把入口段切分成3段,实现平滑递降布光,既能够保障安全,又能够实现节能。

过渡段、中间段依据入口段的亮度变化,自动调光达到安全节能照明要求。

6.5.2 照明对比效果

(1)未优化布灯设计时布灯数量和功率见表6-10,消耗电缆见表6-11。

未优化布灯设计时布灯数量和功率 　　　　　　　　表6-10

灯 具 规 格	数量(盏)	功率(kW)
160W LED 灯	336	53.8
120W LED 灯	152	18.2
80W LED 灯	80	6.4
50W LED 灯	1168	58.4
合计	1736	136.8

未优化布灯设计时消耗电缆 表6-11

设备材料名称	型号及规格	单位	单价(元)	使用数量	金额(万元)
低压电力电缆	ZR-YJV$_{22}$-1kV-4×50mm^2	m	140	5500	77
低压电力电缆	ZR-YJV$_{22}$-1kV-4×35mm^2	m	104	580	6.032
低压电力电缆	ZR-YJV$_{22}$-1kV-4×25mm^2	m	81	3794	30.731
低压电力电缆	ZR-YJV$_{22}$-1kV-4×16mm^2	m	50	10408	52.04
低压电力电缆	ZR-YJV$_{22}$-1kV-4×10mm^2	m	29.65	6423	19.044
低压电力电缆	ZR-YJV$_{22}$-1kV-4×6mm^2	m	18.22	14860	27.075
低压电力电缆	ZR-YJV$_{22}$-1kV-4×4mm^2	m	13.28	14860	19.734
低压电力电缆	YJV$_{22}$-1kV-3×25+1×10mm^2	m	72	3794	27.317
低压电力电缆	YJV$_{22}$-1kV-4×10mm^2	m	29.65	1536	4.554
合计					263.527

(2)优化布灯设计时布灯数量和功率见表6-12,消耗电缆见表6-13。

优化布灯设计时布灯数量和功率 表6-12

灯 具 规 格	数量(盏)	功率(kW)
168W LED 灯	80	13.4
140W LED 灯	80	11.2
112W LED 灯	164	18.4
84W LED 灯	12	1
56W LED 灯	1266	70.9
合计	1602	114.9

优化布灯设计时消耗电缆 表6-13

设备材料名称	型号及规格	单位	单价(元)	使用数量	金额(万元)
低压电力电缆	ZR-YJV$_{22}$-1kV-4×50mm^2	m	140	5500	77
低压电力电缆	ZR-YJV$_{22}$-1kV-4×6mm^2	m	18.22	300	0.547
低压电力电缆	ZR-YJV$_{22}$-1kV-2×6mm^2	m	9.6	14000	13.44
合计					90.987

（3）小结。

①优化布灯方案所用的电缆费用比未优化 LED 布灯方案减少 172.541 万元。

②优化布灯方案所用的灯具总功率比未优化布灯减少 21.9kW。

③优化设计后变压器降容：由 400kV·A×2 台降到 200kV·A×2 台。

④优化后洞内各段路面平均亮度变化更加平滑。

6.5.3 隧道综合节能系统方案

本书在槐尖山隧道进行了综合节能系统示范工程建设，该系统覆盖了照明、通风和供电管理。交互的信息通过本地在线设备和中间数据库实现，具体实施如下：

（1）安装于距入洞口 200m（接近段）处的智能车辆节能检测传感器检测到车辆类型、速度、流量信号后，通过 ZigBee 无线通信方式在 200ms 内传递到入口段照明节能柜，照明节能柜把此信息与管理中心传递来的联动信息进行比对，最终确认执行程序，调节洞口亮度。

（2）过渡段与中间段的照明依据入口段的执行程序检测结果，并结合隧道内环境工况信息(烟雾浓度、速度与亮度的关系等数据)计算洞内亮度需求，从而进行控制。

（3）该隧道依据 CO/VI 信号、车速、风向及亮度信号在信息管理一体化服务器计算，并自动寻找风机状态、判断隧道活塞风和控制模型，依据专家决策技术发出执行程序到通风节能柜，实施控制风机运转。

（4）采用隧道管理所隧道机电综合节能与信息管理一体化软件系统。

6.5.4 隧道综合节能系统效果

自 2012 年 12 月 28 日正式建成通车以来，该系统运行稳定、可靠，符合设计技术要求，槐尖山隧道照明节能模式比非节能模式节能 45.65%。槐尖山隧道通风节能模式比非节能模式节能 38.10%。截至 2015 年 12 月底，槐尖山隧道比程家沟隧道节约电费约 50 万元。

参 考 文 献

[1] 张杨.特长公路隧道的防与救[J].中国公路,2021(15):59-63.

[2] 杨亚磊,丁新宇,梁忠卿,等.多工作面隧道通风技术[J].山东交通科技,2020(02):33-35.

[3] 黄媛.高速公路隧道光环境分析及照明技术应用[D].西安:长安大学,2019.

[4] 叶传宗.智慧型公路隧道照明系统的设计与研究[D].杭州:杭州电子科技大学,2019.

[5] 李向邯.基于中间视觉的隧道照明节能优化控制研究[D].赣州:江西理工大学,2019.

[6] 金伟其,王霞,廖宁放,等.辐射度、光度与色度及其测量[M].北京:北京理工大学出版社,2016.

[7] Bruno Gayral. LEDs for lighting: Basic physics and prospects for energy savings [J]. Comptes Rendus Physique, 2017,18(7-8): 453-461.

[8] 姚涵春.等离子体光源及其应用[J].演艺科技,2010(02):6-12.

[9] 迈克·伍德,姚涵春.等离子体光源是如何工作的[J].演艺科技,2011(02):6-9.

[10] 杨显,杨步君.高效微波等离子光源的应用[J].山西电子技术,2021(03):38-40.

[11] 范勇.微波等离子体灯介质谐振腔优化设计[D].成都:电子科技大学,2014.

[12] D M Berson, F A Dunn, M Takao. Phototransduction by Retinal Ganglion Cells That Set the Circadian Clock[J]. Science,2002,295(5557):1070-1073.

[13] A Yasukouchi, K Ishibashi. Non-visual effects of the color temperature of fluorescent lamps on physiological aspects in humans[J]. Journal of Physiological Anthropology and Applied Human Science, 2005,24(1):41-43.

[14] 陈仲林,李毅,杨春宇,等.道路照明中的光生物效应研究[J].照明工程学报,2007(03):1-5.

[15] 李毅.基于光生物效应的道路照明安全研究[D].重庆:重庆大学,2009.

[16] 王磊.基于交通安全视觉模型的隧道照明理论应用研究[D].西安:长安大学,2011.

[17] 交通运输部.公路隧道照明设计细则:JTG/T D70/2-01—2014[S].北京:人民交通出版社股份有限公司,2014.

[18] 韩直,等.公路隧道节能技术[M].北京:人民交通出版社,2010.

[19] 曹炳元.应用模糊数学与系统[M].北京:科学出版社,2005.

[20] 张志红.隧道照明控制与节能技术研究[D].重庆:重庆交通大学,2006.

[21] 吴瑞祥.一种公路隧道一体化联动节能技术控制方法[P].中华人民共和国:ZL 201410815537.3,2014.12.24.

[22] 河北省交通规划设计院.一种车辆传感器和智能交通车辆检测节能系统[P].中华人民共和国:ZL 201420830090.2,2015.06.17.

[23] 深圳市全智聚能科技有限公司.一种交通能源管理与控制方法及系统[P].中华人民共和国:ZL 201110296598.X,2013.05.08.

[24] 深圳市全智聚能科技有限公司.一种 LED 灯直流集中供电管理方法及装置[P].中华人民共和国:ZL 201110296549.6,2011.09.27.

[25] 交通运输部.公路隧道设计规范 第二册 交通工程与附属设施:JTG D70/2—2014[S].北京:人民交通出版社股份有限公司,2014.

[26] 交通部.公路隧道交通工程设计规范:JTG/T D71—2004[S].北京:人民交通出版社,2004.

[27] 中国航空规划设计研究总院有限公司.工业与民用供配电设计手册[M].北京:中国电力出版社,2016.

[28] 王永章.高速公路隧道照明节能技术研究[J].节能环保与生态建设,2016,230(02):11.